150 Jahre
Kohlhammer

Lindauer Beiträge zur Psychotherapie und Psychosomatik
Herausgegeben von Michael Ermann

A. Buchheim: Bindung und Exploration (2016)
U. T. Egle/B. Zentgraf: Psychosomatische Schmerztherapie (2014)
M. Ermann: Herz und Seele (2005)
M. Ermann: Träume und Träumen (2005/2014)
M. Ermann: Freud und die Psychoanalyse (2008/2015)
M. Ermann: Psychoanalyse in den Jahren nach Freud (2009/2012)
M. Ermann: Psychoanalyse heute (2010/2012)
M. Ermann: Angst und Angststörungen (2012)
M. Ermann: Der Andere in der Psychoanalyse (2014)
U. Gast/P. Wabnitz: Dissoziative Störungen erkennen und behandeln (2014)
R. Gross: Der Psychotherapeut im Film (2012)
O. F. Kernberg: Hass, Wut, Gewalt und Narzissmus (2012)
J. Körner: Abwehr und Persönlichkeit (2013)
J. Körner: Die Deutung in der Psychoanalyse (2015)
R. Kreische: Paarbeziehungen und Paartherapie (2012)
W. Machleidt: Migration, Kultur und psychische Gesundheit (2013)
L. Reddemann: Kontexte von Achtsamkeit in der Psychotherapie (2011)
A. Riehl-Emde: Wenn alte Liebe doch mal rostet (2014)
C. Stadler: Traum und Märchen (2015)
U. Streeck: Gestik und die therapeutische Beziehung (2009)
R. T. Vogel: Existenzielle Themen in der Psychotherapie (2013)
R. T. Vogel: Das Dunkle im Menschen (2015)
L. Wurmser: Scham und der böse Blick (2011/2014)
H. Znoj: Trauer und Trauerbewältigung (2012)

Anna Buchheim

Bindung und Exploration

Ihre Bedeutung im klinischen und psychotherapeutischen Kontext

Verlag W. Kohlhammer

1. Auflage 2016

Gesamtherstellung: W. Kohlhammer GmbH, Stuttgart

Print:
ISBN 978-3-17-030201-3

E-Book-Formate:
pdf: ISBN 978-3-17-030203-7
epub: ISBN 978-3-17-030204-4
mobi: ISBN 978-3-17-030205-1

Inhalt

Vorwort

Bindung und Exploration sind integrale und sich ergänzende Verhaltenssysteme, die in einem verhaltensbiologischen und ontogenetischen Rahmen für die jeweilige Anpassung von Individuen an die Lebensgegebenheiten zusammenwirken. Im Kleinkindalter geht es je nach Befindlichkeit des Kindes um die Balance zwischen Nähe suchen und die Umwelt erkunden, im Erwachsenenalter um die Freiheit mentaler Exploration und die Entfaltung in den verschiedenen Lebensbereichen.

Die Vorlesung behandelt Grundlagen von Bindung und Exploration als Basis für die Ausformung unterschiedlicher Bindungsmuster, wie der sicheren, unsicheren und desorganisierten Bindung. Es wird die klinische Bedeutung der Bindung sowie Bindungsdiagnostik im transgenerationalen sowie psychotherapeutischen Kontext anhand psychischer Störungen – den Angststörungen, Depressionen, der Borderline-Persönlichkeitsstörung – dargestellt und auf die Veränderbarkeit von unsicherer und desorganisierter Bindung durch Psychotherapie eingegangen.

Aus bindungstheoretischer Sicht ist eines der Ziele von Psychotherapie, ein sicheres bzw. organisiertes inneres Arbeitsmodell von Bindung herzustellen, um eine Reaktionsbereitschaft auf Belastung bei Schutz- und Hilfesuchen sowie die Exploration neuer Bewältigungsstrategien verfügbar zu machen. Es werden Konzepte und Techniken unterschiedlicher Psychotherapieverfahren, die sich explizit auf die Bindungsforschung beziehen – die Mentalisierungsbasierte Therapie, Übertragungsfokussierte Therapie und die Schematherapie – unter dem Aspekt der Bindung und Exploration näher beleuchtet.

1. Vorlesung[1] Bindung und Exploration aus historischer Sicht

Bindung basiert auf dem im Verlauf der Naturgeschichte des Menschen entstandenen Grundbedürfnis nach einer besonderen Beziehung des Kindes zu seinen Eltern oder Personen, die es beständig betreuen. Die Bindungstheorie wurde von dem Psychoanalytiker und Psychiater John Bowlby (* 26. Februar 1907 in London; † 2. September 1990 auf Skye) formuliert, der in den 1940er und 1950er Jahren klinisch-psychoanalytische und evolutionsbiologische Ansätze und Betrachtungsebenen zur Grundlage seiner Forschung und seiner Publikationen machte[2].

John Bowlbys Begründung der Bindungstheorie

Die Bindungstheorie bietet ein Konzept zur Erklärung der menschlichen Neigung, enge emotionale Beziehungen zu anderen zu entwickeln, und ist zugleich ein Modell der Bedeutung früher Erfahrungen in den ersten Bindungsbeziehungen für die spätere sozio-emotionale Entwicklung. Grundlegend ist ein universelles, phylogenetisch determiniertes menschliches Bedürfnis nach einer engen emotionalen Bindung, das eine Überlebensfunktion beinhaltet. Aus diesem Bedürfnis heraus entwickelt ein Kind – bestimmt durch die Reaktionen der Bindungsfigur auf seine Signale – eine innere Repräsentation von Bindung, die Konsequenzen für die

---

1 Diese erste Vorlesung widme ich Prof. Dr. Klaus Grossmann, der heute am 13. April 2015 einen runden Geburtstag feiert. Bei ihm habe ich an der Universität Regensburg studiert und gelernt. Ihm und seiner Frau Dr. Karin Grossmann verdanke ich meinen ersten Zugang zur Bindungstheorie und meine langjährige Bindung an die Bindungsforschung.

2 Bowlby J (1944, 1951, 1960, 1969, 1973, 1980)

spezifische, ontogenetische Entwicklung von bindungsrelevanten Gefühlen und Kognitionen besitzt.

John Bowlby hatte sein Medizinstudium vorübergehend unterbrochen, als er bei einer Hospitation an einer Schule für verhaltensgestörte Kinder erste Erfahrungen in der Beobachtung dieser schwer gestörten Kinder und Jugendlichen machen konnte. Er erkannte, dass frühkindliche Deprivation nicht zwangsläufig zu einer unwiderruflich negativen Prägung führen muss, sondern dass es trotz früher belastender Erfahrungen unter bestimmten Bedingungen zu einer günstigen weiteren Entwicklung der Kinder kommen kann. Nach Beendigung seines Medizinstudiums im Jahre 1928 machte Bowlby eine Ausbildung zum Analytiker und arbeitete dann ab 1940 als Psychiater an der Tavistock Clinic in London, wo er zusammen mit Esther Bick ein Ausbildungsprogramm für Kinderpsychotherapie aufbaute.

1951 erhielt Bowlby den Auftrag im Namen der World Health Organisation (WHO) einen Bericht »über die Situation der vielen heimatlosen und verwaisten Kinder in der Nachkriegszeit zu verfassen«. Bowlby veröffentlichte die Ergebnisse seiner Untersuchung als Buch unter dem Titel *Mental care and mental health*[3], auf Deutsch *Mutterliebe und kindliche Entwicklung*. In dieser Monographie beschreibt Bowlby die ausgeprägten nachteiligen Folgen für Kinder, die ohne ihre Mütter in Institutionen aufwachsen, in denen ihre emotionalen und kognitiven Bedürfnisse nur unzureichend befriedigt werden. Seine bahnbrechenden Untersuchungsergebnisse und deren Veröffentlichung als Buch mit 500 000 englischsprachigen Exemplaren und in der Übersetzung in zehn Sprachen, trugen dazu bei, dass er nicht nur sehr bekannt und fachlich geschätzt wurde, sondern sich auch ermutigt und herausgefordert fühlte, seine Untersuchungen fortzuführen und seine primär analytisch orientierten theoretischen Konzepte durch die neu verfügbaren Befunde der ethologischen Forschung zu erweitern und zu modifizieren.

3 WHO (1951)

Abb. 1: John Bowlby

Bowlby und seine ethologischen Wegbereiter Lorenz, Tinbergen, Harlow

Bowlby integrierte als Psychoanalytiker und Psychiater die neuen Erkenntnisse der Ethologie, der Kontrolltheorie und der kognitiven Psychologie in eine wissenschaftlich fundierte Bindungsforschung, die sich in der Folge entwicklungspsychologisch und klinisch etablierte. Er stützte sich in seiner weiteren Forschung auf Untersuchungen und Konzepte von Verhaltensforschern und Evolutionsbiologen wie Konrad Lorenz, Nikolaas Tinbergen, Harry Harlow und auf die Beobachtungen des Psychoanalytikers Rene Spitz an Heimkindern.

Mit großem Interesse nahm Bowlby ethologische Konzepte in seine theoretischen Vorstellungen auf, um seine Beobachtungen und sein neues Verständnis einer biologisch vorgegebenen Bindungsbereitschaft des Säuglings zu seiner wichtigen Bezugsperson zu beschreiben. Mit seinem 1969 erschienenen Werk *Bindung – eine Analyse der Mutter-Kind-Beziehung* begründete Bowlby endgültig die Bindungstheorie.

Ethologisches Licht auf psychoanalytische Probleme

Bowlby hatte sich schon während und besonders nach seiner Ausbildung kritisch mit der Psychoanalyse Freuds auseinandergesetzt. Freud hatte in seinen frühen Beiträgen den Entwicklungsverlauf als eine Abfolge von psychosexuellen Entwicklungsphasen beschrieben[4], die einen Wandel der Manifestierung libidinöser Energie in verschiedenen Körperzonen darstellen und eine universelle Gültigkeit haben, wobei jede Entwicklungsphase charakteristische Merkmale aufweist. Freud kam dann in seinen späteren Abhandlungen zu der Überzeugung, dass die früheste Beziehung im Leben jeder Person die Beziehung zur Mutter ist und dass diese Beziehung das Vorbild späterer Liebesbeziehungen ist und zwar unabhängig vom Geschlecht der Person[5].

Für Freud waren Libido und Todestrieb die Grundmotivationen, die er als Triebe und nicht als Instinkte beschrieb, weil er den Unterschied zwischen biologischen Instinkten und psychischen Trieben – der biologischen Motivation des Verhaltens der Tiere und der psychologischen Motivation menschlichen Verhaltens – herausstellen wollte.

Bowlby kam seinerzeit bei der Auseinandersetzung mit der Psychoanalyse Freuds in seinem Aufsatz »Ethologisches Licht auf psychoanalytische Probleme« zu folgendem Resümee:

> »Über die meiste Zeit war die Psychoanalyse in diesem Jahrhundert die einzige Disziplin, die sich mit der systematischen Untersuchung von Emotionen und Beziehungen befasste. ... Von den Versuchen Freuds, seine Theorie neu zu formulieren, erwies sich sein Gedankengang am produktivsten, der sich mit Beziehungen befasste. ... Ich kam zu dem Schluss, dass die Psychoanalytiker zwar genau die richtigen Fragen gestellt hatten, aber ihre Antworten zu wünschen übrig ließen. Und so war ich wieder allein mit meinem Problem.«[6]

Für Bowlby bilden Erlebnisse aus der realen Welt die zentrale Quelle, die den Säugling in seinem Verhalten prägt. Eine der entscheidenden Aussagen von Bowlbys Theorie ist, dass der menschliche Säugling die angeborene Neigung hat, die Nähe einer vertrauten Person zu suchen. Fühlt er sich müde, krank, unsicher oder allein, so werden Bindungsver-

4 Freud S (1905)
5 Freud S (1931)
6 Bowlby J in Grossmann KE, Grossmann K (1991), S. 40 ff.

haltensweisen wie Schreien, Lächeln, Anklammern und Nachfolgen aktiviert, welche die Nähe zur vertrauten Person wiederherstellen sollen.

Im Gegensatz zur damaligen psychoanalytischen Auffassung stellte Bowlby nicht die psychische Innenwelt in den Mittelpunkt seiner Betrachtungen, sondern er maß den realen Erlebnissen und der Außenwelt hohe Bedeutung für die Entwicklung eines Individuums bei.

Auf die neueren Entwicklungen in der Ethologie war Bowlby durch die Arbeiten von Konrad Lorenz, die in englischer Übersetzung erschienen waren, und die von Tinbergen formulierte Instinktlehre (1951) aufmerksam gemacht worden[7]:

Das erste Mal, dass Bowlby etwas von Ethologie erfuhr und die Namen Konrad Lorenz und Nico Tinbergen hörte, war im Sommer 1951. Dies führte ihn zu den früheren Arbeiten von Lorenz und zu Tinbergens Buch ›The Study of Instinct‹ (1951).

Beide Forscher boten für Bowlby einen verhaltensbiologisch-ethologischen Bezugsrahmen. Es waren im Besonderen die relativ überdauernden Beziehungen, die sich bei vielen Tierarten zuerst zwischen Jungen und Eltern entwickelten und später zwischen gepaarten Männchen und Weibchen und auch einige Wege, auf denen diese Entwicklungen schief laufen können. Darüber hinaus basierte ein Großteil ihrer Untersuchungen auf Feldbeobachtungen von Tieren in ihrer alltäglichen Umgebung.

Lorenz und Tinbergen: Die Phänomene von Prägung und Instinkthandlungen

Konrad Lorenz (* 7. November 1903 in Altenberg bei Wien; † 1989 in Altenberg bei Wien), beobachtete bereits als fünfjähriges Kind, dass ihm Entenküken wie einem Muttertier nachliefen, wenn er sich in einer bestimmten Phase ihrer Entwicklung bei ihnen aufgehalten hatte. 1928 schloss Konrad Lorenz das an der Columbia University in New York begonnene Medizinstudium in Wien ab und studierte anschließend Zoologie. Mit der Abhandlung *Über den Begriff der Instinkthandlung*

7 Bowlby J (1960)

Abb. 2: Konrad Lorenz und seine Gänseküken

legte Konrad Lorenz 1937 die Grundlagen der vergleichenden Verhaltensforschung (Ethologie).

Ein Symposium über das Thema »Instinkte« in Leiden am 28. November 1936 war der Beginn einer lebenslangen Freundschaft mit Tinbergen. An dieser Stelle ist zu erwähnen, dass 1973 Tinbergen zusammen mit Karl von Frisch und Konrad Lorenz mit dem Medizin-Nobelpreis (Physiologie und Medizin) ausgezeichnet wurden.

Nikolaas Tinbergen (* 15. April 1907 in Den Haag; † 21. Dezember 1988 in Oxford) war ein bedeutender niederländischer Ethologe. Zwischen 1940 und 1949 war er Professor an der Universität Leiden von 1949 bis 1974 an der Universität Oxford. Mit der 1942 veröffentlichten Arbeit *An objectivistic study of the innate behaviour of animals* schuf Tinbergen eine der Grundlagen für die im Entstehen begriffene Ethologie. Gemeinsam analysierten Lorenz und Tinbergen das Phänomen der Prägung bei Gänseküken und verfassten eine Studie zur Eirollbewegung der Graugans.

John Bowlby war begeistert, als ihn ein Freund auf das Werk von Lorenz, *Das Gänsekind Martina* (1954), über die Nachfolge-Reaktionen bei Enten- und Gänseküken, aufmerksam gemacht hatte. Dieses biologische Programm bewirkt, dass die Küken sehr schnell nach dem Schlüpfen auf das individuelle Aussehen ihres Muttertieres geprägt werden und ihr überall hin folgen. Lorenz konnte das Prägungsprogramm sogar täuschen und bot sich selbst den frisch geschlüpften Küken als Muttertier zur Nachfolge-Prägung an. Mit diesen Befunden aus der Ethologie erschloss sich Bowlby eine neue Welt, in der Naturwissenschaftler von großer Bedeutung viele der Probleme an nicht-menschlichen Arten untersuchten, die ihm bei seinen Untersuchungen des menschlichen Verhaltens zu schaffen machten. In der Tierforschung hatte sich auch gezeigt, dass sich bei manchen Tierarten ein starkes Band zur Mutterperson auch ohne Vermittlung durch Futter entwickelte, das dazu neigte, Bestand zu haben.

Harlows bahnbrechende Experimente

Seine Experimente zum Sozialverhalten junger Rhesusaffen machten Harry Frederick Harlow (* 31. Oktober 1905 in Fairfield, Iowa (USA); † 6. Dezember 1981) zu einem der bedeutendsten Primatenforscher der Wissenschaftsgeschichte. Der US-amerikanische Psychologe und Verhaltensforscher wies nach, dass soziale Bindungen für die emotionale Entwicklung der Primaten extrem wichtig sind.

Harry Harlow erforschte die basalen Prozesse der Bindung und die nachteiligen Folgen von Trennung für die soziale, emotionale und physiologische Organisation von Affenjungen. 1958 wies der Verhaltensforscher an der Universität Wisconsin in experimentellen Studien mit Rhesusäffchen beeindruckend nach, dass das *Bedürfnis nach Wärme und Geborgenheit* dem Streben nach einer konstanten Nahrungsaufnahme überlegen ist. In dem Primatenforschungslabor wurden die Affen bis in ihr Erwachsenenalter und dann über weitere Generationen hin fortlaufend untersucht, um die Prozesse der Bindung und der nachteiligen Folgen von Trennung für die soziale, emotionale und physiologische Organisation der Affenjungen zu erforschen. Rhesusaffenbabys, die nur mit Hilfe von Stoffattrappen aufgezogen wurden, entwickelten eine Bindung zu dieser Attrappe. Sie suchten Sicherheit bei ihr, obwohl die Attrappe nicht auf sie reagierte und auch nicht die Nahrungsquelle der Äffchen war. Unter den verschiedenen experimentellen Bedingungen zeigte sich immer wieder, dass die Tiere in Neugier, Angst und Schrecken sich ausschließlich der Stoffmutter zuwandten, gleich ob sie Nahrung spendete oder nicht, während die Nahrungsquelle Drahtpuppe sie gleichgültig ließ[8].

Harlows Hypothese war, dass Liebe bzw. Kontaktbedürfnis wichtiger ist als Nahrung. In seinen Untersuchungen mit Ersatzmüttern stellte er fest, dass die Äffchen *kuschelige Ersatzmütter* den Drahtmüttern ohne kuscheligen Überzug vorzogen. Die Äffchen bauten zu den *Stoffmüttern eine starke Bindung* auf (beide Gruppen verbrachten über 15 Stunden auf der Stoffmutter, keine Gruppe verbrachte länger als 2 Stunden auf der Drahtmutter). Bis zu einem bestimmten Alter bevorzugten die Äffchen eine sich *bewegende* Stoffmutter vor einer *starren* Stoffmutter. Auch wenn ein *Hindernis* (aus Plexiglas) zwischen der Stoffmutter und einem *angst-auslösenden* Reiz konstruiert wurde, überwanden die Affenjungen diese Barriere, um bei der Ersatzmutter Schutz zu suchen. Nahm Harlow den Äffchen die Stoffattrappe weg, konnten sie nicht spielen, hatten Angst, umklammerten sich selbst und entwickelten Bewegungsstereotypien. Hatten sie ihre »Mutter« erreicht, umklammerten sie fest, wodurch ihre Erregung abnahm (Bindungssicherheit). In weniger erregtem Zustand konnten sie dann herausfinden, was ihnen Angst gemacht hatte (Exploration). Die allein an Drahtpuppen großgezogenen Tiere zeigten später »psychosomatische« Störungen wie Durchfälle und wiesen

---

8 Harlow H (1958)

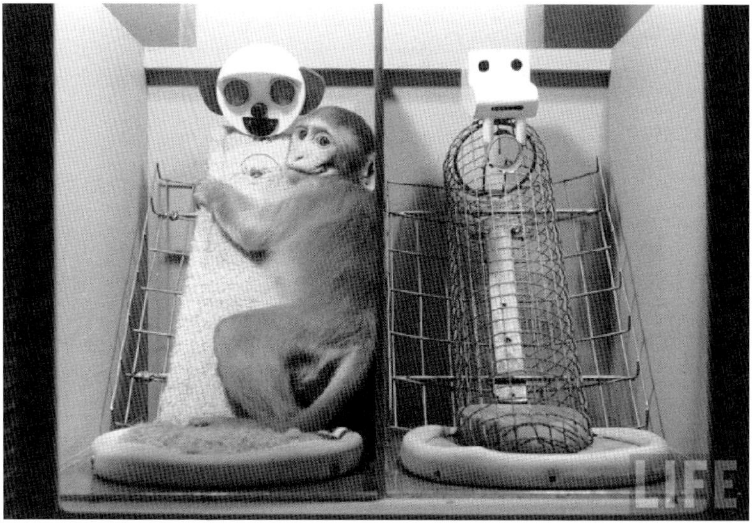

Abb. 3: Versuchsanordnung von Harry Harlows Experimenten mit Rhesusäffchen: Eine kuschelige und eine milchspendende drahtige Ersatzmutter

Entwicklungsrückstände auf und konnten nicht explorieren. In der Folge waren die erwachsenen Rhesusaffen nicht in der Lage, ein Jungtier zu versorgen, da sie selbst keine sichere Bindungserfahrung erlebt hatten[9].

René Spitz und sein interaktionistisches Paradigma in der Säuglingsforschung

Ein weiterer bedeutender Wegbereiter der Säuglingsforschung und Entwicklungspsychologie war der österreichisch-amerikanischer Psychoanalytiker René Arpad Spitz (* 29. Januar 1887 in Wien, Österreich; † 14. September 1974 in Denver, Colorado, USA). Spitz machte nach dem Medizinstudium bei Sandor Ferenczi eine Ausbildung zum Psychoana-

9 Harlow H (1958)

lytiker und anschließend eine Lehranalyse bei Sigmund Freud und begann mit einer Praxistätigkeit in Wien. 1935 erhielt er einen Forschungsauftrag unter Charlotte Bühler in der Kinderkrippe der Kinderübernahmestelle der Gemeinde Wien, wo er mit seiner Forschung an elternlos aufwachsenden Kindern im Säuglingsalter begann. Spitz erkannte, dass Säuglinge ohne liebevolle Betreuung physisch, emotional und sozial verkümmerten[10]. Mit der systematischen Erforschung der Psychologie des Säuglingsalters begründete René Spitz das interaktionistische Paradigma in der Säuglingsforschung, das die Untersuchung der Sozialbeziehungen des Babys in den Mittelpunkt der Forschung rückt. Die Untersuchungsmethoden von Spitz waren direkte Beobachtung, Filmaufnahmen und Säuglingstests. Kinder, die in Waisenhäusern aufwuchsen und dort gefüttert und sauber gehalten wurden, aber wenig Zuwendung und »Bindung« erhielten, zeigten Verzögerungen in der kognitiven und motorischen Entwicklung. Die Kinder boten psychisch das Bild einer »anaklitischen« Depression, das bei einigen Kindern sogar zu Marasmus und bis hin zum Tod führte.

Grundannahmen der Bindungstheorie

Bowlby[11] ließ sich von den Befunden der genannten Forscher inspirieren und überzeugen und nahm ethologische Begriffe in seine Theorie auf, um seine Beobachtungen einer biologisch vorgegebenen Bindungsbereitschaft des Säuglings zu seiner wichtigen Bezugsperson zu beschreiben. Bowlby begriff die frühkindliche Bezogenheit als primäres, eigenständiges Entwicklungsziel, das keinem physiologischen Bedürfnis wie Hunger nachgeordnet ist und formulierte in drei Bänden seine Theorie über die Natur von Bindungsverhalten bei Menschen und die nachhaltigen Auswirkungen auf die Entwicklung nach frühen Trennungs- und Verlusterfahrungen. Er beschrieb, dass Säuglinge – phylogenetisch festgelegt

10 Spitz R (1965)
11 Bowlby J (1969)

– von sich aus den überlebenswichtigen Schutz durch ihre Bindungsperson dauerhaft zu sichern suchen[12].

Die Wechselwirkung von Bindungs- und Explorationsverhalten

Die Bindungsperson ist der »sichere emotionale Hafen« für den Säugling, von dem er aus explorieren kann. Menschen verfügen lebenslang über ein »Bindungsverhaltenssystem«, das in Belastungs-, Trennungs- und Gefahrensituationen aktiviert wird, um die Nähe zur Bindungsperson zu erhalten oder bei gegebener Distanz wiederherzustellen.

Unter Bindungsverhalten versteht Bowlby jede Form des Verhaltens, das dazu führt, dass eine Person die Nähe irgendeines anderen differenzierten und bevorzugten Individuums, das gewöhnlich als stärker und/oder klüger empfunden wird, aufsucht oder beizubehalten versucht[13] wie z. B. Weinen, Lächeln, Rufen, Herstellung von Körperkontakt oder später Hinterhergehen.

Antithetisch zum Bindungsverhalten steht das Explorationsverhalten: Um sich ein kohärentes Bild von der Welt machen zu können und die für das Heranwachsen notwendigen sozialen, kognitiven emotionalen Kompetenzen zu erwerben, muss ein Kind die Umgebung erkunden können und die Möglichkeit zum Spielen haben. Es kann dies aber nur, wenn es sicher sein kann, dass es im Falle einer Gefahr zu seiner sicheren Basis, der Bezugsperson, zurückkehren kann und diese im Stande ist, Schutz und Trost zu spenden, die also verfügbar und reaktionsbereit ist. Das Explorationsverhalten wird durch Reize ausgelöst, die die Neugier des Kindes anregen. Es wird beendet, wenn das Neue vertraut geworden ist oder wenn das Bindungsverhalten aktiviert wird, und steht damit in Wechselwirkung zum Bindungsverhalten[14]. Grossmann und Grossmann (2012) weisen darauf hin, dass es für eine sichere Bindung nicht auf ein möglichst ausgeglichenes Verhältnis zwischen Bindungs- und Explorationsverhalten ankommt, sondern auf den reibungslosen Übergang vom

12 Bowlby J (1969, 1973, 1980)
13 Bowlby J (1973)
14 Bowlby J (1969)

einen zum anderen System und auf die Qualität des Bindungsverhaltens, wenn es aktiviert wurde.

Das elterliche Pflege- oder Fürsorgeverhalten

Das Pendant zum Bindungsverhalten ist das elterliche Pflege- oder Fürsorgeverhalten, das mit dem kindlichen Bindungsverhalten zusammenarbeitet. Diese beiden, bei Eltern und Kind komplementär angelegten Verhaltenssysteme regulieren sich gegenseitig im Sinne einer Rückkopplungsschleife. Wenn das Kind Kummer oder Verlassenheitsangst (Schreien, Rufen) zeigt, führt dies zu automatischen Schutzreaktionen der Mutter (Suchen, Zurückholen und Wiedervereinigen)[15]. Nach dem ersten Lebensjahr hat sich zwischen Mutter und Kind ein relativ stabiles Interaktionsmuster entwickelt, das sich sowohl auf die psychologische Ebene (Verhalten und später auch Bindungsrepräsentationen) als auch auf die biologische Ebene (Stresshormone und Immunreaktionen) auswirkt und damit mess- und untersuchbar wird.

Bindung besteht fortdauernd über Raum und Zeit hinweg. Bindungsverhalten wird in Situationen ausgelöst, die in irgendeiner Weise als belastend erlebt werden[16]. Bindung selbst ist ein hypothetisches Konstrukt, das nicht beobachtet werden kann. Bindungsverhaltensweisen variieren situations- und altersspezifisch in Häufigkeit und Intensität und werden weniger deutlich gezeigt, je älter ein Kind wird. Sie bestehen aber als wichtige Bestandteile des menschlichen Verhaltensrepertoires ein Leben lang fort und werden bei Erwachsenen vor allem in Situationen gezeigt, die von Gefühlen der Angst oder Krankheit bestimmt sind[17].

Die Bielefelder und Regensburger Längsschnittstudien von Klaus und Karin Grossmann

Auf der Grundlage der Bindungstheorie erforschten Klaus und Karin Grossmann zusammen mit vielen wissenschaftlichen Mitarbeitern und

15 Bowlby J (1969)
16 Grossmann KE, Grossmann K (2012)
17 Bowlby J (1973)

einer großen Zahl ihrer Schüler seit 1974 die Entwicklung von gesunden Kindern in ihren Familien von der Geburt bis ins junge Erwachsenenalter. Ihre Forschung schloss Untersuchungen über die Bedeutung von Exploration und die Rolle des Vaters für die soziale und emotionale Entwicklung des Kindes bis zum Alter von 22 Jahren ein sowie die Rolle von Geschwisterbeziehungen.

Klaus und Karin Grossmann berichten in dem Buch über ihre Lebensarbeit *Bindung – das Gefüge psychischer Sicherheit* in dem Kapitel »Die Bielefelder und Regensburger Langzeituntersuchungen sowie kürzere Längsschnittstudien in Regensburg«[18] u. a. wie folgt über ihre Untersuchungsmethoden und den Verlauf des Projekts:

> »Wir begangen zunächst mit Voruntersuchungen, um die vorgesehenen Untersuchungsverfahren zu erproben und um zu klären, ob das videographieren von Interaktionen auf den Wochenstationen der Krankenhäuser und lebensnahe Beobachtungen zu Hause bei Familien in Deutschland überhaupt möglich und sozial akzeptabel waren ... Die Kooperationsbereitschaft von 6 ›Pilotfamilien‹ ermutigte uns. Daraufhin baten wir im Jahr 1976 Mütter und Väter, an einer Untersuchung zur Erforschung der Entwicklung der Eltern-Kind-Interaktion teilzunehmen. Die leitende Frage an die Eltern war: ›Woher wissen Eltern, was ein Säugling, der doch nicht sprechen kann, braucht?‹ Wenige Jahre später, 1980, starteten wir in Regensburg weitere langfristige und kürzere Längsschnittuntersuchungen.«

Die Fragestellungen dieser Untersuchungen waren aus der Bindungstheorie entwickelt worden und je nach Alter der Kinder wurden zusätzliche Fragen untersucht, z. B. der Zusammenhang von Leistungsmotivation, Intelligenz, Freundschaften, Selbstdarstellungen und späteren Vorstellungen über ihre Partnerschaft. Meist fanden diese Interaktionen in standardisierten Situationen statt, die für alle Kinder möglichst vergleichbar gestaltet wurden. In den freien Interaktionssituationen stand stets das Konzept elterlicher Feinfühligkeit im Mittelpunkt der Verhaltensanalysen.

Die Autoren schreiben zum Abschluss dieses Kapitels:

> »Seit dem Beginn unserer Untersuchungen vor knapp 40 Jahren haben sich natürlich auch für uns die spezifischen Themen erweitert, aber die Bedeutung von Bindungen und elterlicher Fürsorge für die seelische Entwicklung des

18 Grossmann KE, Grossmann K (2012), S. 91–100

Kindes ist unser zentrales Interesse geblieben und hat zu vielfach bestätigten Ergebnissen geführt, die unser Wissen über die psychische Entwicklung unserer Kinder deutlich verbessert haben«[19].

Die spezifischen Kriterien einer Bindungsbeziehung

Nicht jede enge Beziehung ist eine Bindungsbeziehung. Eine Bindungsbeziehung muss spezifischen Kriterien entsprechen, die aus den Grundkonzepten der Bindungstheorie abgeleitet sind:

1. dem Ausmaß an Protest und Stress, das bei Trennung und Verlust erlebt wird,
2. der Nutzung des anderen als Ziel für die Aufrechterhaltung von Nähe,
3. als sicheren Hafen und schützende Zuflucht in Zeiten von Belastung und
4. als sichere Basis für die Exploration.

Der Begriff »sichere Basis« beschreibt nach Mary Ainsworth et al.[20] die Atmosphäre, die von der Bindungsfigur für die gebundene Person geschaffen wird. Von ihr aus kann der Säugling seine Umwelt explorieren und neue Erfahrungen sammeln. In Gefahrensituationen wird das Explorationsverhalten beendet und der Säugling kehrt zur »sicheren Basis« zurück.

Zusammenfassend lassen sich in der Bindungstheorie vier Betrachtungsebenen festhalten, auf die in den folgenden Vorlesungen vertiefter eingegangen wird:

1. *Evolutionsbiologisch* besteht eine angeborene Bereitschaft des Menschen und somit die Notwendigkeit zur Bindung auf der Grundlage stammesgeschichtlicher Selektionsbedingungen.
2. *Psychologisch* können die individuellen Qualitäten von Bindung des Kindes an seine Eltern im ersten Lebensjahr bereits sehr unterschiedlich sein.

---

19 Grossmann KE, Grossmann K (2012), S. 100
20 Ainsworth MDS et al. (1974)

3. *Ontogenetisch* haben diese Unterschiede Folgen für das Individuum während der Lebensspanne.
4. *Klinisch* untersucht die Bindungsforschung die Art individueller Verinnerlichung unterschiedlicher Bindungserfahrungen und ihre Auswirkungen auf die Organisation der Gefühle, des Verhaltens und der Ziele einer Person.

2. Vorlesung
Bindung und Exploration bei Kindern

Sichere und unsichere Bindung: Zusammenspiel zwischen Bindung und Exploration in der Entwicklung und aus Sicht der Bindungsforschung

Wie bereits dargestellt versteht die Bindungstheorie das Streben nach engen emotionalen Beziehungen als ein *spezifisch* menschliches, bereits beim Neugeborenen angelegtes und bis ins hohe Alter vorhandenes Grundelement mit Überlebensfunktion[21]. Im Säuglings- und Kindesalter sichert die Bindung an die Eltern Schutz und Zuwendung. Komplementär bzw. analog zum Bindungsstreben des Kindes steht die feinfühlige, sensitive Fürsorge der Eltern als deren Hauptaufgabe. Beide Systeme sind fein aufeinander abgestimmt und entwickeln sich in einer bestimmten Abfolge. Das Bindungsverhaltenssystem ist ein Steuerungssystem, vergleichbar anderen physiologischen Systemen zur Aufrechterhaltung der *Homöostase* im Organismus[22].

In der Mitte des ersten Lebensjahres formt sich im Kind ein Bild von seiner hauptsächlichen Bindungsperson. Das Kind beginnt nach ihr zu suchen, auch wenn diese nicht anwesend ist. Nun setzt auch Kummer bei Trennung ein, das Bindungsverhalten wird aktiviert und das Kind ist zu diesem Zeitpunkt zu einer spezifischen Bindung zu seiner Pflegeperson fähig. Durch Reaktionen der Bindungsfiguren werden Erwartungen ausgebildet und das Kind entwickelt eine innere Repräsentation von Bindung, das sog. innere Arbeitsmodell von Bindung. Diese inneren Arbeitsmodelle von Bindung basieren auf Erfahrungen, die ein Kind in

---

21 Bowlby J (1960)

22 Grossmann KE, Grossmann K (2012)

der täglichen Interaktion mit seinen Bindungsfiguren macht und werden als Organisationsstrukturen bezeichnet, die Aufmerksamkeit, Gedächtnis und Handlungen und später auch Sprache beeinflussen[23]. Die Hauptfunktion des inneren Arbeitsmodells ist, die Ereignisse der realen Umwelt zu antizipieren und das eigene Verhalten entsprechend zu organisieren.

Die Aktivierung von Bindungs- und Explorationsverhalten

Wie bereits erwähnt, ist das *Explorationssystem* dem *Bindungssystem* komplementär zugeordnet. Beide Systeme können nicht gleichzeitig aktiviert sein. Nur wenn ein Kind sich sicher fühlt und sein Bindungsverhalten nicht aktivieren muss, kann es konstruktiv explorieren. Bei aktiviertem Bindungsverhalten ist das Explorationsverhalten eingeschränkt bzw. deaktiviert. Folgende Abbildung einer Wippe soll dies veranschaulichen:

Das Explorationsverhalten fördert die Gewinnung von Informationen aus der Umwelt und dient somit der Entwicklung sozialer und kognitiver Kompetenzen[24] sowie umweltzentrierter Motivation. Kinder erlernen durch das Explorationsverhalten motorische Fähigkeiten, aktivieren Intelligenz- und Wahrnehmungsleistungen und erhalten neue Erfahrungen über sich selbst.

Bowlbys Perspektive ist *prospektiv*, ihn interessierten vor allem die Risiko- und Schutzfaktoren einer psychischen Entwicklung vom ersten Lebensjahr bis ins Erwachsenenalter. Er bemühte sich um eine empirische Überprüfung traditioneller psychoanalytischer Hypothesen, nämlich den prägenden Einfluss der frühen Mutter-Kind-Beziehung auf die spätere Persönlichkeit. Dieser Aspekt wurde in den 1960er Jahren von Mary Ainsworth aufgegriffen und methodisch umgesetzt. Ainsworth operationalisierte die Annahmen Bowlbys und verschaffte damit der Bindungstheorie den Eingang in die akademische Psychologie[25].

---

23 Main M et al. (1985), Bretherton I, Munholland KA (2008)
24 Spangler G, Zimmermann P (1995)
25 Grossmann KE, Grossmann K (2012)

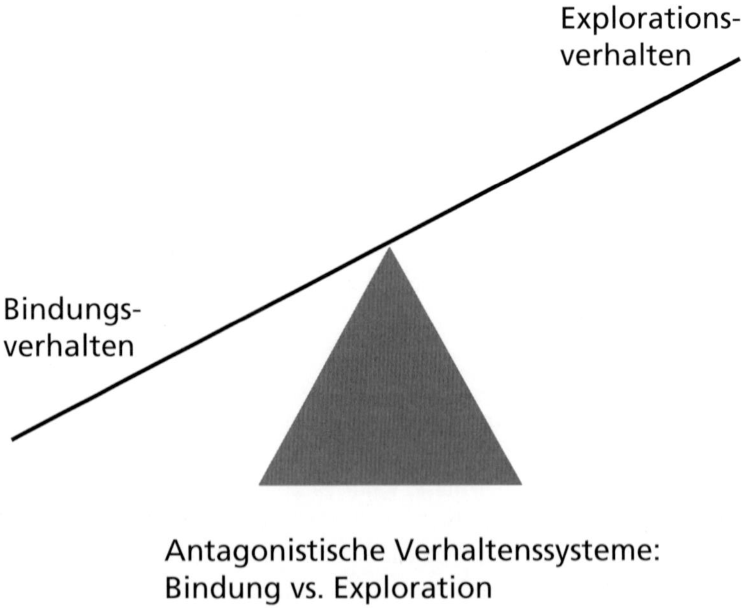

Abb. 4: Das Zusammenspiel von Bindungs- und Explorationssystem

Das bedeutendste Merkmal der Bindungstheorie ist, dass sie aufgrund ihrer *methodischen Sorgfalt* eine brauchbare Grundlage bildet, emotionale Bindungen zwischen Individuen längsschnittlich zu erklären und für die Forschung und Therapie zugänglich zu machen. In der Weiterentwicklung von Bowlbys theoretischen Ausführungen erarbeiteten Mary Ainsworth, Carol George und Mary Main folgende Methoden, die prospektiv und retrospektiv die theoretischen Konzepte von Bowlby operationalisierten und überprüfbar machten:

1. Die mütterliche und väterliche *Feinfühligkeitsskala*[26]
2. Die *Fremde Situation* zur Erfassung der Bindungsqualität des Kindes[27]

26 Ainsworth MDS et al. (1974)
27 Ainsworth MDS et al. (1978)

3. Das *Adult Attachment Interview* zur Erfassung von Bindungsrepräsentation bei Erwachsenen[28]
4. Das *Adult Attachment Projective Picture System* zur Erfassung von Bindungsrepräsentation bei Erwachsenen[29].

Diese vier Instrumente und Konzepte stehen in einem konzeptuellen wie auch empirischen Zusammenhang, d. h. die Ergebnisse der Bindungsforschung zeigen, dass die Bindungsrepräsentationen der Eltern und ihr feinfühliges Verhalten gegenüber dem Kind die Bindungsqualität des Kindes beeinflussen.

Elterliche Feinfühligkeit, »Fremde Situation« und Bindungsmuster

Mary Ainsworth beschäftigte sich in ihren Studien in Uganda mit der mütterlichen *Feinfühligkeit* auf kindliche Signale. Elterliche Feinfühligkeit wird als die wesentliche Grundlage für eine sichere Bindung des Kindes betrachtet. Den höchsten Wert auf einer Skala erhielten Mütter, die sehr gut über ihre Kinder Bescheid wussten und viele spontane Erlebnisse ausführlich beschreiben konnten, während am unteren Ende der Skala Mütter rangierten, die nicht in der Lage waren, feinere Nuancen kindlichen Verhaltens zu erkennen und angemessen zu interpretieren.

Eine feinfühlige Mutter ist aufmerksam und bemerkt die Signale ihres Kindes, sie interpretiert diese richtig und reagiert prompt und angemessen auf dessen Bedürfnisse[30]. Aus Längsschnittstudien geht deutlich hervor, dass Mütter von sicher gebundenen Kindern diesen gegenüber feinfühliger waren, als die von unsicher gebundenen[31].

Die *Bindungsqualität* des Kindes an seine Bindungsfigur entwickelt sich im ersten Lebensjahr und lässt sich am Verhalten der 12 und 18 Monate alten Kinder in einer Laborsituation, der sog. *Fremden Situation*

28 George C et al. (1985)
29 George C et al. (1999), George C, West M (2012)
30 Ainsworth MDS et al. (1974)
31 Grossmann KE, Grossmann K (2012)

direkt beobachten und reliabel auswerten. Mary Ainsworth und ihre Mitarbeiter[32] evaluierten die sog. *Fremde Situation* Ende der 1960er Jahre. Sie besteht aus acht Episoden à drei Minuten und wird auch als »Miniatur-Drama« bezeichnet. Im Vordergrund dieser Laborsituation steht die zweimalige Trennung und Wiedervereinigung zwischen Mutter und Kind. Die Trennungssituation soll das Bindungssystem (Anklammern, Nähe suchen, Weinen etc.) und Explorationsverhalten (Spielen, Erkunden des Raumes) experimentell aktivieren. Ziel der Auswertung ist, die unterschiedliche Reaktion der Kinder bei der Wiedervereinigung zu beobachten, da man davon ausgehen kann, dass eine dreiminütige Trennung beim 1-jährigen Kind Stress auslöst. Es werden dabei vier Bindungsmuster unterschieden, die sich interkulturell – also auf der ganzen Welt – wiederfinden[33]:

- sicher-gebunden (B)
- unsicher-vermeidend (A)
- unsicher-ambivalent (C)
- unsicher-desorganisiert/desorientiert (D)

Sichere Bindungsqualität (B)

Sicher gebundene Kinder können auf der Basis des Vertrauens in die elterliche Zuverlässigkeit ihre positiven und *negativen Gefühle* offen zeigen. Diese Kinder sind gewöhnlich durch die Trennung sehr gestresst und zeigen ihren Stress, indem sie weinen. Bei der Wiedervereinigung begrüßen sie aktiv ihre Eltern, laufen ihnen entgegen und lassen sich beruhigen. Dann wenden sie sich wieder interessiert ihrem Spiel zu. Es besteht eine *ausgewogene Balance zwischen Explorations- und Bindungsverhalten.*

---

32 Ainsworth MDS et al. (1978)

33 siehe zusammengefasst auch bei Buchheim A et al. (1998)

Unsicher-vermeidende Bindungsqualität (A)

Kinder mit einer unsicher-vermeidenden Bindung haben die Erfahrung gemacht, dass sie zurückgewiesen werden, wenn sie die Bindungsfigur brauchen oder wenn sie negative Gefühle zeigen. Die Kinder umgehen die schmerzvolle Zurückweisung durch *vermeidende Verhaltensweisen im Dienste der Nähe*. Diese Kinder zeigen wenig bis keine offenen Anzeichen von Stress während der Trennung von der Bindungsperson. Sie weinen gewöhnlich nicht und ignorieren die Mutter bzw. den Vater bei der Wiedervereinigung. Ihr Explorationsverhalten ist auf Kosten des Bindungsverhaltens überaktiviert, d. h. die Aufmerksamkeit ist zu stark auf die Exploration gerichtet.

Unsicher-ambivalente Bindungsqualität (C)

Kinder mit einer unsicher-ambivalenten Bindung zeigen auf dem Hintergrund nicht vorhersagbarer Erfahrungen von Zuverlässigkeit mit der Bindungsfigur *Angst, Wut oder passive, hilflose Verzweiflung*. Diese Kinder sind während der Trennung sehr gestresst und können bei der Wiedervereinigung schlecht beruhigt werden. Sie suchen Kontakt und Nähe, wenden sich aber gleichzeitig von der Bindungsfigur ab als Zeichen ihrer Ambivalenz. Sie schwanken zwischen ärgerlichem, verzweifeltem und anklammerndem Verhalten. Ihre Explorationsfähigkeit ist eingeschränkt, da ihr Bindungsverhalten überaktiviert ist.

Diese drei oben genannten Bindungsmuster sind *organisierte* Verhaltensstrategien im Sinne einer Anpassungsleistung, um die Nähe zur Bindungsfigur wiederherzustellen. Eine weitere folgende Bindungskategorie führt zu einer *Unterbrechung* des organisierten Verhaltens.

Desorganisierte Bindungsqualität (D)

Eine später von Main und Solomon[34] gefundene Bindungskategorie »Desorganisation«/ »Desorientierung« ist gegenüber den anderen Mus-

34 Main M, Solomon J (1990)

tern keine eigene Bindungsstrategie der Kinder. Formen der Desorgansiertheit sind unvereinbare Verhaltensweisen wie z. B. stereotype Bewegungen nach dem Aufsuchen von Nähe, Phasen der Starrheit, sog. »freezing«, und Ausdruck von Angst gegenüber einem Elternteil. Die Kinder verfügen in Anwesenheit der Bindungsperson trotz Angst oder Kummer zeitweise über keine Bewältigungsstrategie: sie können weder Nähe zur Bindungsfigur herstellen (wie B und C), noch sich ablenken (vermeiden wie A), und befinden sich somit in einem unlösbaren Konflikt.

Diese Desorientierung im Verhalten weist auf einen momentanen Mangel an Strategie oder Organisation hin. Wir finden desorganisiertes Verhalten bei misshandelten[35], vernachlässigten Kindern[36] oder bei Kindern, deren Eltern eigene Trauerprozesse nicht verarbeitet haben[37]. Main und Hesse postulieren, dass in diesen Dyaden bei den Eltern – hervorgerufen durch das Kind – eigene traumatische Erfahrungen reaktiviert werden, die bedrohlich sind, aber unbewusst bleiben. Diese Erwachsenen wirken wiederum auf ihre Kinder beängstigend, da bei ihnen in der Interaktion ein Mangel an kohärenter Strategie besteht und sie orientierungslos erscheinen. Zum Beispiel, wenn die Mutter ein beängstigendes Gesicht zeigt, wenn das Kind in der Wiedervereinigung auf sie zu rennt. Das Kind erfährt somit eine Unterbrechung seiner Bindungsstrategie, weil die Mutter in diesem Moment »kein Hafen der Sicherheit« ist.

Das Wechselspiel zwischen Bindungsverhalten und physiologischen Systemen

Das Wechselspiel zwischen physiologischen Systemen und dem Bindungsverhalten erfolgt sinnvollerweise nur in Situationen, die zu einer Aktivierung des Bindungsverhaltenssystems führen, was im Rahmen der *Fremden Situation* als standardisierte Laborsituation gegeben ist. Während am Verhalten der sicher und unsicher-ambivalent gebundenen Kinder ihr Stress (Weinen) deutlich erkennbar wird, scheinen die unsi-

35 Carlson V et al. (1989)
36 Lyons-Ruth K et al. (1993)
37 Main M, Hesse E (1990)

cher-vermeidenden Kinder nur wenig betroffen zu sein, allerdings bei nicht besonders effektivem Explorationsverhalten. Schieche und Spangler[38] untersuchten als erste im Rahmen der *Fremden Situation* sowohl die Herzfrequenz der Kinder, als auch psychoendokrine Prozesse (Cortisol). Bei allen Kindern kam es während der zweiten Trennung zu einem Anstieg der Herzfrequenz. Die unsicher-gebundenen Kinder (A, C und D) zeigten zusätzlich im Gegensatz zu den sicher gebundenen Kindern einen erhöhten Cortisolspiegel im Speichel[39].

Aus Bindungsperspektive ist das Aufsuchen von Nähe nach der Trennung die einzige angemessene Verhaltensstrategie, die stressmindernd wirkt und von den sicher gebundenen Kindern erfolgreich eingesetzt wird. Dagegen sind vermeidende und ambivalente Strategien als unangemessen anzusehen. Wenn auf der Verhaltensebene keine effektiven Bewältigungs- und Reaktionsmöglichkeiten zur Verfügung stehen, werden die physiologischen Systeme besonders aktiviert und es kommt zu den ausgeprägten anhaltenden Anstiegen dieser Parameter[40].

Vulnerabilitäts- und Schutzfaktoren aus bindungstheoretischer Sicht

Wir stellten uns die Frage, welche Auswirkungen haben Bindungsmuster auf die Emotionsregulation und die kognitiven und sozialen Fähigkeiten im weiteren Verlauf. Sichere Bindung gilt als Schutzfaktor für die weitere Entwicklung des Kindes, unsichere organisierte Bindungsmuster (unsicher-vermeidende und unsicher-ambivalente Bindung) sind als Vulnerabilitätsfaktoren anzusehen. Bindungssicherheit bzw. Bindungsunsicherheit sagen positive bzw. eingeschränkte sozial-emotionale Kompetenzen im Vorschul- und Schulalter und im Jugendalter voraus[41], ebenso positive bzw. negative Selbstwerteinschätzung[42].

---

38 Schieche M, Spangler G (2005)
39 Schieche M, Spangler G (2005), siehe die aktuelle Zusammenfassung bei Gander M, Buchheim A (2015)
40 z. B. Schieche M, Spangler G (2005)
41 z. B. Grossmann K et al. (1988)
42 z. B. Cassidy J (1990), Verschueren K, Marcoen A (1999)

Lütkenhaus, Grossmann und Grossmann[43] konnten belegen, dass sicher gebundene Kinder ein höheres Neugierverhalten aufwiesen, sie im Alter von drei Jahren mehr Leistungsanstrengung zeigten als unsicher gebundene Kinder, die bei drohendem Misserfolg eher aufgaben. Sicher gebundene Kinder konnten sich auch beim Spielen besser konzentrieren[44]. Garlichs und Leutzinger-Bohleber[45] stellten zudem fest, dass sicher gebundene Kinder erfindungsreicher im Umgang mit einer Aufgabe umgehen und mehr Phantasie besitzen als unsicher gebundene. Bei Problemlöseaufgaben suchen sicher gebundene Kinder nach einiger Zeit des selbständigen Probierens die Hilfe der Mutter auf und sind ausdauernder, während unsicher gebundene Kinder einfach aufgeben. In der Regensburger Langzeitstudie von zehnjährigen Kindern und ihren Familien berichteten sicher gebundene Kinder über weniger, dennoch gute Freunde, auf die sie sich verlassen können, während unsicher-vermeidend und unsicher-ambivalent gebundene Kinder von keinen Freunden oder von sehr vielen Freunden erzählten, ohne diese jedoch beim Namen nennen zu können.

Studien zum Zusammenhang zwischen Bindungstyp und Umgang mit Problemlösesituationen im Jugendalter zeigten, dass Jugendliche mit einer unsicheren Bindungsrepräsentation eher unklare Handlungsstrategien verfolgten und zu geringen oder überschießenden wenig planvollen Handlungen neigten[46]. Sicher gebundene Jugendliche konnten die Informationen in angemessenes und planvolles Handeln umsetzen und waren letztendlich erfolgreicher als unsicher-vermeidend gebundene Jugendliche. Unsicher-ambivalent gebundene Jugendliche zeichneten sich durch eher planloses Handeln und geringe Effektivität aus, obwohl sie besonders stark in die Problemlösung involviert schienen.

Zusammenfassend wird Bindungssicherheit im Kindesalter als Schutzfaktor bezüglich sozialer Fähigkeiten und Beziehungen, Handlungsfähigkeit, Neugierverhalten und Kreativität weiterhin durch aktuelle Befunde belegt: In einer Metaanalyse von Groh et al.[47] basierend auf

43 Lütkenhaus P et al. (1985)

44 Suess G et al. (1992)

45 Garlichs A, Leutzinger-Bohleber M (1999)

46 Zimmermann P et al. (2001)

47 Groh AM et al. (2014)

80 unabhängigen Studien (N = 4441) war ein signifikanter Zusammenhang zwischen Bindungssicherheit im ersten Lebensjahr und sozialer Kompetenz in der Peer-Group zu erkennen, während unsichere Bindung und desorganisierte Bindung mit niedriger sozialer Kompetenz assoziiert waren.

Die besondere Rolle der desorganisierten Bindung für pathologische Entwicklungen

Insbesondere die sog. »desorganisierte« Bindung[48] korreliert mit pathologischen Entwicklungsverläufen der Kinder. Prospektive Longitudinalstudien und zahlreiche retrospektive Erhebungen zeigen Langzeitfolgen für psychische und körperliche Erkrankungen durch früh einwirkende biologische und psychosoziale Stressfaktoren wie adversive Kindheitserfahrungen und traumatische Erfahrungen[49].

Desorganisierte Bindungsverhaltensweisen bei einjährigen Kindern (in der Fremden Situation) sind wie bereits beschrieben charakterisiert durch Konfliktverhalten, bizarre, klinisch auffällige Verhaltensweisen wie »Einfrieren« von Bewegung, dissoziative Phänomene und deutliche Zeichen von Angst und Erregung[50]. Desorganisierte Bindung wird für die weitere Entwicklung des Kindes als ein bestätigter Risikofaktor angesehen, mit aggressiv auffälligem Verhalten im Kindergarten- und Vorschulalter[51] sowie gehäuft dissoziativen Symptomen im Jugendalter[52]. In der Metaanalyse von Groh et al.[53] zeigt sich bei einer hohen Anzahl von Probanden (N = 5947) eine hohe Korrelation zwischen Bindungsdesorganisation und externalisierenden Symptomen. Ebenfalls nachgewiesen ist ein Zusammenhang zwischen desorganisierten Bindungsmustern bei Kindern und ungelösten Traumata der Eltern[54]. Diese Eltern haben in

48 Main M, Solomon J (1990)
49 z. B. Werner EE (1989, 1992), Foege WH (1998), Read J, Bentall RP (2012), Felitti VJ et al. (2014)
50 Main M, Hesse E (1990)
51 Lyons-Ruth K et al. (1993)
52 Ogawa JR et al. (1997), Carlson EA (1998), Carlson V et al. (1989)
53 Groh AM et al. (2014)
54 Lyons-Ruth K, Jacobvitz D (2008)

ihrer Kindheit Vernachlässigung, Missbrauch und Misshandlung oder Verluste wichtiger Bezugspersonen erlitten, die unverarbeitet blieben. Durch das Verhalten des eigenen Kindes (z. B. Angst, Schreien) wird das einst erlebte Trauma reaktiviert und löst dissoziative oder verängstigte Verhaltensweisen bei der Mutter oder dem Vater aus, die wiederum das Kind ängstigen[55]. Dies wird auch als »frightening-frightened-Kollusion« bezeichnet[56]. Die Häufigkeit der desorganisierten Bindung beträgt in Normalstichproben ca. 15 %; bei Kindern aus Hochrisikogruppen ist sie um das Zwei- bis Dreifache erhöht. Bei Kindern misshandelnder oder missbrauchender Eltern – ein extremer Risikofaktor – liegt der Anteil desorganisierter Bindung in unterschiedlichen Studien bei 48-77 %[57].

In der Bindungsforschung gibt es erste Hinweise, dass Kinder mit einer sog. »desorganisierten Bindung« genetische Abweichungen zeigen. In Anlehnung an eine Forschergruppe aus Ungarn[58] fanden Spangler et al.[59] heraus, dass Kinder mit einer desorganisierten Bindung genetische Auffälligkeiten zeigen: Bei einem großen Teil dieser Kinder liegt das Serotonin-Transporter-Gen in einer anderen Ausprägung vor als bei Kindern mit normalem Bindungsverhalten, auch zeigten sich Auffälligkeiten beim sog. Dopamin-D4-Rezeptor-Gen.

Feinfühlige Fürsorge der Eltern als Schutzfaktor

Wie stark diese Gene tatsächlich das Verhalten beeinflussen, ist noch nicht geklärt, sie scheinen jedoch ein desorientiertes Bindungsverhalten eher entstehen zu lassen, was aber seltener eintritt, wenn die Eltern auf die emotionalen Bedürfnisse ihrer Kinder feinfühlig eingehen. Liegt also ein bestimmtes Gen-Merkmal als Risikofaktor vor, kann elterliches Verhalten dieses Risiko kompensieren[60].

55 Liotti G (1992), Lyons-Ruth K, Jacobvitz D (2008)
56 Main M, Hesse E (1990)
57 van IJzendoorn MH et al. (1999)
58 Lakatos K et al. (2002)
59 Spangler G et al. (2009)
60 Spangler G et al. (2009)

Sind Kinder somatisch belastet, kann die feinfühlige Fürsorge der Eltern als Schutzfaktor wirken und die Kinder entwickeln dennoch eine sichere Bindung. Selbst schwerwiegende anlagebedingte Störungen können durch die unterstützende Interaktion feinfühliger Eltern teilweise kompensiert werden und eine gelungene Anpassung ermöglichen[61].

Transgenerationale Weitergabe von Bindungsmustern in klinischen Gruppen

Die transgenerationale Weitergabe von Bindung wurde bisher überwiegend in Längsschnittstudien mit gesunden Familien (gesunde Kinder und gesunde Eltern) untersucht[62]. Dazu wurden die einjährigen Kinder in der Fremden Situation[63] beobachtet und die Mütter bzw. Väter mit dem Adult Attachment Interview[64] befragt. In über 18 Längsschnittstudien (N = 854 Dyaden) wurde der statistische Zusammenhang zwischen den elterlichen und kindlichen Bindungsmustern untersucht und zeigte eine hohe Übereinstimmung zwischen sicheren und unsicheren Bindungskategorien der Mütter und ihrer Kinder[65].

Mütter mit Depressionen und Angststörungen

Weniger systematisch beforscht ist bisher die transgenerationale Weitergabe von Bindungsmustern in klinischen Gruppen. Eine Studie mit depressiven Müttern zeigte, dass sich die unsichere Bindungsrepräsentation der Mutter für die Vorhersage einer unsicheren Bindung des Kin-

61 Cicchetti D (1990), Buchheim A et al. (1999), Brisch KH et al. (2005), Schmücker G et al. (2005)

62 Zusammenfassung bei Grossmann K et al. (1988)

63 Ainsworth MDS et al. (1978)

64 George C et al. (1985)

65 van IJzendoorn MH (1995)

des als wichtiger erwies als die Depression der Mutter[66]. In einer älteren Untersuchung von Müttern mit einer Angststörung[67] stellten sich die unverarbeiteten Verlusterlebnisse der Mutter als die Variable dar, um desorganisiertes Verhalten bei einjährigen Kindern vorherzusagen. In einer eigenen prospektiven Studie bestand ebenfalls ein signifikanter Zusammenhang zwischen unverarbeiteten Verlusten (Bindungsdesorganisation) im Bindungsinterview[68] bei Müttern mit Angststörungen und der Entwicklung einer unsicheren Bindung der Kinder im Kindergartenalter[69].

Die Bedeutung der Weitergabe von traumatischen oder Misshandlungserfahrungen

Johnson et al.[70] konnten in einer Langzeitstudie, einer repräsentativen amerikanischen Bevölkerungsstichprobe von über 600 Müttern und ihren Kindern über deren gesamte Kindheit, nachweisen, dass in ihrer Kindheit traumatisierte Personen das bis zu vierfach höhere Risiko hatten, an einer Persönlichkeitsstörung zu erkranken. Kinder von Müttern mit einer Borderline-Persönlichkeitsstörung entwickelten mit einem Jahr signifikant häufiger eine desorganisierte Bindung[71].

Eltern mit traumatischen oder Misshandlungserfahrungen zeigen häufig aggressives, bestrafendes oder feindseliges bzw. sogenanntes »dysfunktionales« Verhalten, z. B. negativ übergriffiges oder dissoziatives Verhalten und Rollenkonfusion[72]. Bisherige Forschungsergebnisse belegen, dass Mütter, die belastende Kindheitserfahrungen (Missbrauch, Vernachlässigung, Gewalt) erlebten, häufig Schwierigkeiten haben, adäquat auf die emotionalen Bedürfnisse ihrer Kinder zu reagieren.

---

66 McMahoon CA et al. (2006)
67 Manassis MD et al. (1994)
68 Adult Attachment Interview, AAI, George C et al. (1985)
69 Buchheim A et al. (2007a)
70 Johnson JG et al. (1999)
71 Hobson RP et al. (2005)
72 Möhler E et al. (2001), Ziegenhain U, Deneke C (2014), Madigan S et al. (2006)

Durch das Bundesministerium für Bildung und Forschung (BMBF) gefördert, untersuchen in Deutschland zwei multizentrische Längsschnittstudien (UBICA: Understanding and Breaking the Intergenerational Cycle of Abuse; TRANS-GEN: »Meine Kindheit – Deine Kindheit«) den Einfluss traumatischer Kindheitserlebnisse von Frauen auf deren mütterliche Sensitivität, deren Psychopathologie oder Resilienz (Widerstandsfähigkeit) sowie auf die Entwicklung ihrer Kinder. In beiden Projekten werden neben psychologischen Variablen auch psychosoziale Belastungsfaktoren und physiologische Faktoren, insbesondere neuronale Aktivitäten, hormonelle Einflüsse und (epi)genetische Marker, einbezogen. Die Kombination grundlagenwissenschaftlicher und psychiatrisch-psychologischer Untersuchungen der Mutter-Kind-Interaktionen mit Überprüfung der Wirksamkeit von Interventionsstrategien erscheinen geeignet, um den »Kreislauf der Misshandlung« in der Zukunft entscheidend beeinflussen bzw. unterbrechen zu können[73].

Die Ulmer Studie über Mütter mit einer manifesten Angststörung

Die Zusammenhänge zwischen der Bindung von Müttern mit einer manifesten Angststörung und möglichen sich ausbildenden Verhaltensauffälligkeiten ihrer Kinder im Kindergartenalter wurden vor einigen Jahren erstmals im deutschen Sprachraum bezüglich der Weitergabe von Bindungsmustern untersucht. Diese sog. Ulmer Studie entstand in interdisziplinärer Kooperation zwischen der Klinik für Psychosomatische Medizin und Psychotherapie und der Klinik für Kinder- und Jugendpsychiatrie und -psychotherapie (Prof. Dr. Ziegenhain, PD Dr. Schulze, Prof. Dr. Fegert) des Universitätsklinikums Ulm. Die transgenerationale Häufung von Angststörungen in Familien war konsistent nachgewiesen[74]. Als einzige uns damals vorliegende Studie zur Fragestellung der transgenerationalen Weitergabe von Bindung bei Müttern mit einer

73 Ziegenhain U et al. (2015)

74 Last CG et al. (1996), Fyer AJ et al. (1990), Weissman MM et al. (1984), Turner SM et al. (1987), Unnewehr S et al. (1998)

Angststörung fungierte die von Manassis et al.[75]. Sie belegte eine Weitergabe des desorganisierten Bindungsstatus der Mutter (78 % unverarbeiteter Verlust) an das Kind (65 % desorganisiert). Wir setzten in unserer Studie eine intensive Mehrebenendiagnostik – klinisch-psychiatrische Diagnostik und ausführliche Bindungsdiagnostik – für Mütter und Kinder ein. Ausschließlich Mütter, die als 1. oder 2. Hauptdiagnose eine manifeste Angststörung nach den Kriterien der ICD-10 aufwiesen, wurden in die Untersuchung aufgenommen.

Zwei unabhängige Bindungsmethoden für Erwachsene (Adult Attachment Interview (AAI) und Adult Attachment Projective Picture System (AAP) – genauer beschrieben in der 3. Vorlesung – identifizierten bei den Müttern mit einer Angststörung einen hohen Anteil an unsicherer Bindungsrepräsentation und insbesondere an unverarbeiteter Trauer (im AAI 67 %, im AAP 73 %)[76]. Dieser Befund korrespondiert mit der Studie von Manassis et al.[77] und einer eigenen Studie mit stationären Angstpatientinnen[78]. Durch valide Identifizierung von unverarbeiteten Trauer-/Verlustprozessen könnten bei Patienten mit Angststörungen wichtige anamnestische Hinweise auf den Zusammenhang von Bindungserfahrungen, Entwicklung der Erkrankung und Weitergabe an die nächste Generation gewonnen werden.

Die Bindungsdiagnostik der Kinder mit zwei altersentsprechenden Verfahren (Fremde Situation[79]; Geschichtenergänzungsverfahren[80]) ergab wie erwartet einen signifikant erhöhten Anteil an unsicherer Bindung im Vergleich zu Normalstichproben, doch war der Anteil an desorganisierter Bindung bei den Kindern, gemessen in der Fremden Situation, niedriger als angenommen (11 %) und entsprach dem in Normalstichproben (15 %).

Die kinder- und jugendpsychiatrische Untersuchung stellte bei den meisten Kindern den Befund einer nachweisbar erhöhten psychosozialen Belastung fest (Beeinträchtigung des psychosozialen Funktionsniveaus),

75 Manassis MD et al. (1994)
76 Buchheim A et al. (2007a)
77 Manassis MD et al. (1994)
78 Buchheim A, Benecke C (2007b)
79 Cassidy J, Marvin RS (1992)
80 Gloger-Tippelt G, König L (2000)

wenn auch nicht im psychiatrisch auffälligen Bereich. Hervorzuheben ist, dass weniger die psychische Erkrankung der Mutter selbst als vielmehr die sich daraus ergebenden Defizite hinsichtlich der jeweiligen *Erziehungskompetenz* und Sensitivität im Vordergrund standen. Ein Ergebnis, das auch in anderen Studien bei Müttern mit Angststörungen in der Interaktion mit ihren Kindern bestätigt wurde[81].

Zusammenhänge zwischen unverarbeiteten Verlusterfahrungen bei den Eltern und einer desorganisierten Bindung ihrer Kinder finden sich zwischen 39 % und 56 %. In dargestellten Studien betraf dieser Befund erst Kinder, wenn sie bereits älter waren. Die Hinweise auf die generationsübergreifende Weitergabe von Bindungsunsicherheit und Einschränkungen im psychosozialen Funktionsniveau der Kinder erfordern ein beratendes und therapeutisches Vorgehen, das explizit beziehungs- und interaktionszentriert sein sollte[82]. Durch interdisziplinäre Zusammenarbeit wären bessere Möglichkeiten für die klinische Versorgung von Müttern mit einer Angsterkrankung und der präventiven therapeutischen Bedarfsplanung für deren Kinder herzustellen[83].

Bindungsbezogene Interventionsansätze in der Mutter-Kind-Psychotherapie

Die Wirksamkeit früher präventiver bindungsorientierter Interventionen ist nachgewiesen. Eine Metaanalyse, die 70 der bisher durchgeführten bindungsorientierten Interventionsprogramme für die frühe Kindheit auswertete, zeigt die Überlegenheit der zeitlich begrenzten verhaltensorientierten Interventionen gegenüber den gesprächsorientierten Langzeitinterventionen[84].

81 Lindhout I et al. (2006), Nicol-Harper R et al. (2007)
82 Ziegenhain U (2004)
83 Buchheim A et al. (2007a), Künster A et al. (2012)
84 Bakermans-Kranenburg MJ et al. (2003), s. a. Taubner S et al. (2013)

Aus Forschung und Praxis im Säuglings- und Kleinkindbereich lassen sich Modelle ableiten, die einen Zusammenhang zwischen präventiver Beziehungs- und Interaktionsberatung und der Reduktion späterer Entwicklungs- und Verhaltensprobleme belegen[85]. Interventionsansätze für Beratung und Therapie sind zur Zeit größtenteils bindungstheoretisch begründet und beziehungsorientiert. Sie setzen entweder auf der *Verhaltensebene* oder auf der *Ebene der Bindungsrepräsentationen* an. Auf der Verhaltensebene werden Eltern häufig durch videogestützte Interventionen für einen adäquaten und entwicklungsangemessenen Umgang mit dem Kind unterstützt. Auf der Ebene der Bindungsrepräsentation wird den Eltern ermöglicht, die Perspektive des Kindes vollständig, ungefiltert und unverzerrt wahrzunehmen und damit indirekt die Beziehungsqualität zu verbessern.

Die Effektivität von Interventionsansätzen und ihre Bedeutung für die Prävention

Hier liegen Chancen für rechtzeitige präventive Angebote und Hilfen, wie sie in der derzeitigen klinischen Versorgungslandschaft noch nicht systematisch vorgehalten werden. Es ist wichtig, den Müttern entwicklungspsychologisches Wissen über Erleben und Verhalten ihrer Kinder auf unterschiedlichen Altersstufen zu vermitteln, besonders in Bezug auf die kindlichen Bedürfnisse, selbständig und autonom zu werden. Erfahrungsgemäß sind solche Aspekte des »Loslassens« besonders schwierig, insbesondere für Mütter mit Angststörungen. Die Besprechung solcher Erziehungs- und Beziehungsaspekte am Beispiel konkreter und kurzer videoaufgezeichneter Verhaltensausschnitte, die auch wiederholbar sind, haben sich hervorragend bewährt. Offenbar wirken solche »Spots« der Tendenz entgegen, eigenes Verhalten zu rationalisieren, beschönigend zu interpretieren oder gar zu verleugnen.

Indem die tatsächlichen Kompetenzen des Kindes besser hervortreten, wird der Mutter ermöglicht, eigenes kontrollierendes und fürsorgliches Verhalten zu reduzieren. Ein wesentliches therapeutisches Element bei

85 Cierpka M (2012)

diesen Interventionen stellt die systematische Stärkung der Sicherheit und des Selbstwertgefühls der Mutter dar. Ein positives Selbstwertgefühl gilt als wichtige Voraussetzung, die Perspektive des eigenen Kindes wahrzunehmen und feinfühlig und entwicklungsadäquat mit ihm umzugehen[86].

Zur Wirksamkeit von 88 bindungsbasierten Interventionen führten Bakermans-Kranenburg et al.[87] eine aufwändige Meta-Analyse durch, die entweder die Förderung der elterlichen Feinfühligkeit oder die Verbesserung der Bindungsqualität des Kindes zum Ziel hatten. Das Ergebnis zeigte, dass die effektivsten Interventionen sechs Monate nach Geburt des Kindes oder später beginnen und einen *klar formulierten Fokus* haben.

Einige Interventionen bestehen nur aus wenigen Kontakten, andere dauern über mehrere Jahre hinweg an. Das »Brief Mother-Infant Treatment« von Beebe[88] sieht beispielsweise zwei bis vier Kontakte vor. Das »Biobehavioral Catch-Up« von Dozier et al.[89] verlangt zehn wöchentliche Sitzungen zu je einer Stunde, die »Entwicklungspsychologische Beratung« von Ute Ziegenhain bietet eine flexible Gestaltung der Treffen entweder in wöchentlichen Kontakten oder als Blockseminar am Wochenende. Andere Interventionen sind für 10 bis 20 Sitzungen konzipiert, das »Circle of Security« (COS) Programm von Cooper et al.[90] stellt ein Gruppentreffen zu je 75 Minuten zur Verfügung, das spezifisch die *Wichtigkeit und Bedeutung des kindlichen Explorationsverhaltens* vermittelt.

Dieses Programm (COS) ist in drei Phasen eingeteilt, in denen verschiedene Ziele erreicht werden sollen. In den ersten beiden Sitzungen werden den Müttern die grundlegenden Annahmen der Bindungstheorie vermittelt. Phase 1 (Woche 3–8) hat das Ziel, durch eine sensible und analytische Beobachtung des kindlichen Bindungs- und Explorationsverhaltens, das Verständnis für die Bedürfnisse und Gefühle des Kindes zu fördern. Den Müttern werden Videosequenzen von sich und ihrem

86 Cierpka M (2012)
87 Bakermans-Kranenburg et al. (2003)
88 Beebe B (2003)
89 Dozier M et al. (2005)
90 Cooper G et al. (2005)

Abb. 5: Zirkel der Sicherheit

Kind präsentiert, um das Verhalten des Kindes zu beobachten und zu beschreiben und dann Hypothesen darüber aufzustellen, wie das Kind sein Bindungs- oder Explorationsbedürfnis in dieser Szene zeigt. In jeder Sitzung wird das Video einer Dyade in der Gruppe angeschaut. Die Mutter erhält dabei vom Gruppentherapeuten Anleitung und Unterstützung, die Gruppenmitglieder bringen ihre Eindrücke ein und unterstützen auf diese Weise die Mutter. Dieser Prozess wird »Seeing and Guessing« (Sehen und Überlegungen anstellen) genannt und zieht sich durch den gesamten Verlauf des COS-Programms. Dann findet eine emotionale und kognitive Vorbereitung auf Phase 2 (Woche 9–15) statt, in der es um das Aufzeigen von Abwehrprozessen geht, die die Mutter daran hindern, ihre Fähigkeiten im Umgang mit dem Kind voll einzusetzen. Eine Übung dabei ist der sog. reflektive Dialog, in dem die Mutter und der Therapeut über die Videoaufnahmen und Erinnerungen aus ihrer eigenen Kindheit diskutieren. In Sitzung 16 wird eine Aufnahme von den Dyaden in einer modifizierten Fremden Situation (FST) wiederholt, als

Grundlage für Phase 3 (Woche 17–19). Diese Phase dient dazu, die Fortschritte und positiven Veränderungen der Teilnehmer herauszuarbeiten.

Andere Interventionen dauern ein Jahr oder länger an: »SAFE« von Brisch[91] (über ein Jahr lang monatliche Treffen) oder das deutsche »STEEP«-Programm von Suess und Kißgen[92].

Zusammenfassend besteht Konsens darüber, dass die effektivsten Interventionen diejenigen sind, die elterliche Feinfühligkeit durch Video-Feedback zu verbessern versuchen. Durch dieses Vorgehen werden sich die Eltern zunehmend ihres Interaktionsstils und der Bedürfnisse ihres Kindes bewusst[93]. Man verspricht sich durch die Veränderungen im Verhalten der Eltern längerfristige Effekte, die auch dann noch wirken, wenn die Intervention abgeschlossen ist. Bislang gibt es allerdings noch keine Ergebnisse über die Wirksamkeit von Interventionen, die direkt am anormalen Verhalten der Eltern ansetzen[94], was für die zukünftige Konzeption von bindungsbasierten Interventionen ein wichtiges Ziel darstellen würde.

Adversive Kindheitserfahrungen und traumatische Beziehungserfahrungen können Langzeitfolgen mit psychischen und körperlichen Erkrankungen nach sich ziehen. Die Bindungsforschung hat Schutz- und Risikofaktoren identifiziert und Methoden entwickelt, um Bindungssicherheit und unsichere Bindungsstile sowie organisierte und desorganisierte Bindungsrepräsentationen über die Lebensspanne valide zu messen. In den letzten 25 Jahren wurde eine beträchtliche Anzahl von Studien durchgeführt, um den Zusammenhang von Bindungserfahrungen und Psychopathologie zu überprüfen. Insbesondere traumatisierte Patienten zeigen einen hohen Anteil an Bindungsdesorganisation bzw. unverarbeiteten Bindungstraumata teils mit störungsspezifischen Charakteristika. Neuere Ansätze befassen sich mit der Integration von Bindungsforschung und Neurowissenschaften, um deren neuronale Korrelate abzubilden. Für die Psychotherapieforschung impliziert dies, dass insbe-

---

91 Brisch KH (2010)
92 Suess GJ, Kißgen, R (2008)
93 van IJzendoorn MH (2012)
94 Juffer F et al. (2007)

sondere Patienten mit einem unverarbeiteten Trauma eine spezifische Zielgruppe für Psychotherapie darstellen.

In den nächsten Vorlesungen wird die Bindungsdiagnostik für Erwachsene beschrieben und auf die Veränderbarkeit bzw. Verbesserung von Bindungsunsicherheit und mentaler Exploration durch Psychotherapie eingegangen.

3. Vorlesung
Bindung und Exploration bei Erwachsenen

Klinische Bindungs- und Psychotherapieforschung am Beispiel von Patienten mit einer Borderline-Persönlichkeitsstörung

Bindungsdiagnostik bei Erwachsenen: Adult Attachment Interview und Adult Attachment Projective Picture System

In der klinischen Bindungsforschung lassen sich zwei Hauptstränge zur Diagnostik von Bindung nachzeichnen. Zum einen hat sie ihre Wurzeln in der klinischen Entwicklungspsychologie, in deren Kontext das Adult Attachment Interview (AAI)[95] und das Adult Attachment Projective Picture System (AAP)[96] entwickelt wurden. Beide Instrumente eignen sich dazu, eher unbewusste, strukturelle Aspekte der Bindungsorganisation valide und reliabel zu erfassen. Der zweite Strang liegt in der Persönlichkeits- und Sozialpsychologie und der Erforschung zu Einsamkeit bzw. Partnerbeziehungen. Traditionsgemäß überwiegen in diesem Feld Fragebogenmethoden zur Erfassung von Bindungsmerkmalen und Bindungsstilen, die subjektive Einschätzungen darstellen[97]. Die Mehrheit der Selbstbeurteilungsbögen teilt in sichere, ängstliche und vermeidende Bindungsstile ein[98]. Im Gegensatz dazu stehen die Interviewmethoden

---

95 George C et al. (1985), Main M, Goldwyn R (1985–1996)
96 George C et al. (1999), George C, West M (2011, 2012)
97 Ravitz P et al. (2010), Buchheim A, Strauß B (2002), Höger D (2002)
98 z. B. Hazan C, Shaver P (1990)

(AAI, AAP), die sichere, distanzierte und verstrickte Bindungsrepräsentation sowie ein unverarbeitetes Trauma unterscheiden und demnach »organisierte« und »desorganisierte« Muster differenzieren. In die fragebogenbasierte Erfassung des Bindungsstils hat die Bindungsdesorganisation keinen Eingang gefunden, da die unbewusste Verarbeitungsstruktur von Traumata mit einer subjektiven Einschätzung schwer zu differenzieren ist.

Das Adult Attachment Interview (AAI)

Das *Adult Attachment Interview* (AAI)[99] war die erste bindungstheoretisch fundierte Methode zur Erfassung von Bindungsrepräsentationen bei Erwachsenen. Das AAI ist ein klinisches, semi-strukturiertes Interview mit 18 Fragen zur Beziehung zu den Eltern während der Kindheit und Jugend, zu Trennungen, Verlusten und potentiellen Missbrauchserfahrungen in dieser Zeit und zu gegenwärtigen Erfahrungen mit Bindungspersonen und deren Einfluss auf die Entwicklung der Persönlichkeit. Das Instrument liefert ein umfassendes, konstruktvalides Bild der mentalen Repräsentationen von Erwachsenen-Bindung (inneres Arbeitsmodell), das vor allem auf der Beurteilung der Kohärenz der Erzählungen und anderer bindungsrelevanter Merkmale, wie z. B. Idealisierung oder Beeinflussung durch Bindung, beruht[100].

- *Sicher-autonome Personen* (F = free to evaluate) haben einen flexiblen Zugang zu bindungsrelevanten Gefühlen und zeichnen sich durch offene und kohärente Schilderungen aus.
- *Unsicher-distanzierten* (Ds = dismissing) Personen fehlt ein freier emotionaler Zugang zu bindungsrelevanten Gefühlen, was sich durch Minimierung bzw. Deaktivierung von Bindungsbedürfnissen ausdrückt.
- *Unsicher-verstrickte* Personen (E = enmeshed/preoccupied) hyperaktivieren Bindungsbedürfnisse und präsentieren stark emotionale und konflikthafte Schilderungen über ihre Kindheit.

99 George C et al. (1985)
100 siehe Main M, Goldwyn R (1996), Hesse E (2008)

- Die Beurteilung der Kategorie »*unverarbeiteter Verlust*« (U = Unresolved loss) erschließt sich aus sprachlichen Auffälligkeiten, ängstlichen oder irrationalen Schilderungen früher Verluste von Bindungspersonen, z. B. Vorstellungen über eigenes Verschulden des erlebten Todesfalls, die Überzeugung (»wenn ich ihn noch besucht hätte, wäre er nicht gestorben«), dass die verstorbene Person noch unter den Lebenden weilt (z. B. »ich rede jeden Tag mit ihm (dem Verstorbenen), er ist mein bester Ratgeber«), sowie aus logischen Fehlern, z. B. Verwechslung von Subjekt und Objekt (»und dort stand ich an meinem Grab und konnte es nicht fassen«).
- Die Beurteilung der Kategorie »*unverarbeitetes Trauma*« (U = Unresolved trauma) beruht auf einer vorübergehenden mentalen Desorientierung der befragten Person, die während des Interviews Anzeichen dafür liefert, dass Erfahrungen von Missbrauch oder Misshandlung noch ungelöst sind. Dies zeigt sich in irrationalen Überzeugungen über die eigene Rolle am Geschehen (»ich war selbst schuld, da ich ja ein Mädchen war und damit aufreizend für meinen Vater«), in starken psychischen Reaktionen (Erkrankung, Selbstmordversuche etc.: »seit dem Missbrauch habe ich mich angefangen zu schneiden, damit begann alles«) oder in der wiederholten (unbewussten) Verleugnung des Erlebten (in einem Oszillieren zwischen Berichten und Abstreiten von Missbrauchs- oder Misshandlungserfahrung).

Die Charakteristika der vier Bindungsrepräsentationen nach den Auswertekriterien des AAI sind in folgender Tabelle nochmals zusammengefasst:

Tab. 1: Bindungsrepräsentationen von Erwachsenen erfasst mit dem Adult Attachment Interview[101]

Bindungsrepräsentation	Charakteristika
Sicher-autonom	• offene, kohärente und konsistente Erzählung und Erinnerung • Fähigkeit zur Reflexion (Metakognition) • Integration guter und schlechter Erfahrungen und Gefuìhle • Vertrauen zu Bezugspersonen • Wertschätzung von Bindung
Unsicher-distanziert	• kurze, inkohärente und unvollständige Erzählung • mangelnde Erinnerungsfähigkeit • Idealisierung der Bezugspersonen • Abwertung von Bindungen und Betonung von Unabhängigkeit und persönlicher Stärke • Deaktivierung von Gefühlen
Unsicher-verstrickt	• inkohärente und inkonsistente Darstellung von Beziehungserfahrungen • (ungeordnet, irrelevant, • vage, weitschweifig etc.) • Verstrickung mit Bindungsperson und Überflutung von Erinnerungen • Konfliktreiche affektreiche Darstellung vor allem mit Ärger • wenig Autonomie in der Persönlichkeitsentwicklung erkennbar
Unverarbeitetes Trauma	• Erzählungen von nicht verarbeiteten traumatischen Erlebnissen (Missbrauch, Misshandlung, Verlusten) auf desorganisierte Weise • Denkfehler, Fehlleistungen • Affekte der Angst und Hilflosigkeit • Dissoziation und Verleugnung von überwältigenden Gefühlen

101 George C et al. (1985), Main M, Goldwyn R (1996), Buchheim A, George C (2011)

In fast 25 Jahren sind weltweit mehr als 200 Studien mit dem AAI veröffentlicht und mehr als 10 500 Interviews durchgeführt worden. Zusammenfassend kann aus einer Metaanalyse[102] festgehalten werden: In den klinischen Stichproben (n = 1956) weisen 73 % unsichere Bindungsrepräsentationen auf, davon zeigten 43 % unverarbeitete Traumata. Bei den gesunden Probanden (n = 748) wurden dagegen 58 % als sicher klassifiziert. Unverarbeiteter Verlust bzw. Trauma im AAI kommt gehäuft insbesondere bei der Borderline-Persönlichkeitsstörung vor[103].

Adult Attachment Projective Picture System (AAP)

George et al.[104] entwickelten mit dem *Adult Attachment Projective Picture System* (AAP) ein weiteres reliables konstruktvalides Interviewverfahren zur Erfassung von Bindungsrepräsentationen. Der zeitliche Aufwand, die Transkription und der Klassifikationsprozess sind gegenüber dem AAI wesentlich verkürzt. Das AAP[105] ist ein projektives Verfahren und besteht aus sieben bindungsrelevanten Bildern. Die Autoren legten besonderen Wert darauf, eine valide Erhebung der Reaktionen auf vorgegebene, standardisierte Stimuli zu gewährleisten, indem sie Themen wie Krankheit, Trennung, Alleinsein und Bedrohung oder Verlust in die Bilderreihe aufnahmen[106]. Darüber hinaus integrierten sie Themen, welche die Verfügbarkeit einer Bindungsfigur behandeln. Einige AAP-Szenen bilden Dyaden zweier Erwachsener (Abschied) oder einem Erwachsenen und einem Kind (Bett, Notarzt) ab und suggerieren dabei eine potentielle Bindungsbeziehung (Ehepaar, Mutter und Kind, Großmutter und Enkel). Andere sind monadisch, d. h. sie stellen nur einen Erwachsenen (Bank, Friedhof) oder ein Kind (Kind am Fester, Kind in der Ecke) dar. Diese Szenen fordern den Betrachter dazu heraus, internal eine Beziehung zu konstruieren. Die Versuchsperson wird instruiert zu den AAP-Bildern jeweils eine Geschichte mit folgenden Elementen zu erzählen: *Wie kam es zu dieser Szene, was denken oder fühlen die Personen und wie könnte es in der Geschichte weitergehen*?

---

102 Bakermans-Kranenburg MJ, van IJzendoorn MH (2009)
103 s. a. Agrawal HR et al. (2004), Buchheim A (2011), Buchheim A, George C (2011)
104 George C et al. (1999)
105 George C et al. (1999), George C, West M (2001), George C, West M (2012)
106 George C et al. (1999)

2

7

Abb. 6: »Kind am Fenster« und »Friedhof«, © George et al. (1999) all rights reserved

Die Narrative zu den sieben bindungsrelevanten Bildern werden wörtlich transkribiert und nach festgelegten Kriterien ausgewertet[107]. Die Vorgehensweise der Beurteilung gliedert sich in drei Abschnitte: Diskurs, Inhalt und Abwehr. Bezüglich des *Diskurses* ist wichtig, inwieweit die befragte Person eigene biographische Erfahrungen in der Geschichte in »Ich-Form« einbringt. Die *Inhaltsmarker* sollen Aufschluss darüber geben, wie Beziehungen in den Geschichten dargestellt werden. Sie betreffen Selbstwirksamkeit, Verbundenheit und Synchronizität. Die Analyse von *Abwehr* geht auf die Identifizierung von Markern der drei Formen der Abwehr ein[108]: Deaktivierung, Kognitive Entkoppelung und abgetrennte Systeme.

- *Deaktivierung* bedeutet, dass die im Narrativ beschriebenen Charaktere Bindung oder den Einfluss von Bindung minimieren, entwerten oder ausblenden. Dazu gehören beispielsweise Themen der Stärke, Macht, Leistung und Autorität sowie der Zurückweisung, Kälte oder negative Bewertungen.
- *Kognitive Entkoppelung* ist eine Form des verzerrten Zugangs zu bindungsrelevanten Themen, die widersprüchliche, gegensätzliche Bilder zum Ausdruck bringen oder Bewertungen bzw. Ereignisabläufe beinhalten, die tendenziell abgespalten oder konflikthaft wirken. Dazu zählt Unsicherheit, Ausdruck von Ärger, Konflikt und Wut sowie Geschichten ohne roten Faden.
- *Abgetrennte Systeme* repräsentieren Themen der Isolation, Schutzlosigkeit, Bedrohung und Gefahr sowie Verlust des Realitätsbezuges. Auch die vollständige Zurückweisung, eine Geschichte zu erzählen (Konstriktion), gehört zu dieser Abwehrform. In einem nächsten Schritt wird beurteilt, inwieweit die bedrohliche Situation aufgelöst oder wieder integriert werden kann.

Die Charakteristika der vier Bindungsrepräsentationen nach den Auswertekriterien des AAP sind in folgender Tabelle zusammengefasst[109]:

107 George C, West M (2012)
108 Bowlby J (1980)
109 siehe auch Buchheim A et al. (2014)

Tab. 2: Bindungsrepräsentationen von Erwachsenen erfasst mit dem Adult Attachment Projective Picture System[110]

Bindungsrepräsentation	Charakteristika
Sicher	• Hohe Ausprägung von Selbstwirksamkeit in Form einer internalisierten sicheren Basis (mentale Ressourcen wie z. B. nachdenken oder verfügbare Beziehungen als sicheren Hafen) • In den geschilderten Beziehungen kommt Freude, Trost und Synchronizität vor • Die Geschichten enthalten eine klare Identität. Abwehrprozesse spielen hier eine marginale Rolle
Unsicher-distanziert	• Moderate bis niedrige Ausprägung von Selbstwirksamkeit (Handlungsfähigkeit) • In den geschilderten Beziehungen kommen gehäuft funktionale Beziehungen, Stereotypien oder Zurückweisung von Nähe vor • Die Abwehrform der »Deaktivierung« ist in diesen Narrativen gehäuft vorhanden
Unsicher-verstrickt	• Moderate bis niedrige Ausprägung von Selbstwirksamkeit (Handlungsfähigkeit) • In den geschilderten Beziehungen kommen gehäuft Konflikte vor • Basale Unsicherheit, vage Angaben und Ärger • Die Abwehrform »Kognitive Entkoppelung« ist in diesen Narrativen gehäuft vorhanden
Unverarbeitetes Trauma	• Die geschilderten Personen sind nicht in der Lage bei der Schilderung bedrohlicher bindungsrelevanter Inhalte (z. B. Gefahr, Hilflosigkeit, Misshandlung) diese zu integrieren oder sie mit Hilfe einer konstruktiven Lösung (Selbstwirksamkeit) zu lösen. • Geschilderte Personen in diesen Geschichten greifen demnach auf keine internalisierte sichere Basis zurück (Hilfe holen, nachdenken), oder Handlungsfähigkeit (z. B. sich schützen, nach Hause gehen, sich ablenken), um sich zu reorganisieren.

110 George C et al. 1999, George C, West M (2012)

- Geschichten von *sicher gebundenen Probanden* (F) enthalten Personen, die auf eine internalisierte sichere Basis zurückgreifen, indem sie nachdenken oder Beziehungen als sicheren Hafen aufsuchen, Freude erleben und Synchronizität (Gegenseitigkeit, Freude) sowie bei Kummer Trost erfahren. Die Geschichten enthalten eine klare Identität. Falls bedrohliche Ereignisse auftreten, werden diese gelöst bzw. integriert[111].
- Geschichten von *bindungsdistanzierten* (Ds) Individuen berichten häufig über Personen mit funktionalen Beziehungen (z. B. »die Mutter bringt dem Kind eine Suppe«, »das Paar flirtet am Bahnhof«), beinhalten Stereotypien oder Zurückweisung von Nähe (z. B. »die Mutter verweigert dem Kind eine Umarmung«). Die typische Abwehrform der »Deaktivierung« wird in diesen Narrativen deutlich sichtbar.
- Geschichten von *bindungsverstrickten* (E) Personen sind geprägt von einer basalen Unsicherheit, sich für eine Linie zu entscheiden (keine klaren Identitäten, Zeitpunkte). Vage Angaben (z. B. »das Leben geht weiter und weiter«, »ich weiß nicht«), Konflikte (Streit, Ärger) und die Unfähigkeit, konstruktiv zu handeln (z. B. »sie bleibt auf der Bank für lange Zeit alleine sitzen«), sind hier charakteristisch.
- Ein *desorganisierter Bindungsstatus* (Unverarbeitetes Trauma = U) wird klassifiziert, wenn das Individuum nicht in der Lage ist, bedrohliche Inhalte (z. B. Gefahr, Hilflosigkeit, Misshandlung) zu integrieren und einer konstruktiven Lösung zuzuführen. In diesen Geschichten greifen Personen auf keine internalisierte sichere Basis zurück (Hilfe holen, nachdenken), und können nicht handeln (z. B. sich schützen, nach Hause gehen, sich ablenken), um sich zu reorganisieren[112].

Sowohl für das AAI als auch das AAP liegen sehr zufriedenstellende Daten zu psychometrischen Gütekriterien wie Inter-Rater-Reliabilität, Re-Test-Reliabilität, Konstruktvalidität sowie diskriminante Validität vor[113].

111 siehe Buchheim A, George C (2012)
112 Solomon J, George C (1999)
113 Hesse E (2008), George C, West M (2012), Buchheim A, George C (2012)

Bindungsklassifikation »unverarbeitetes Trauma« in klinischen Gruppen

Mit dem AAP besteht die Möglichkeit, neue theoretisch relevante Bindungsmerkmale zu ermitteln, die mit dem AAI nicht untersucht werden (z. B. Abwehrprozesse nach Bowlby, bindungsrelevante Inhaltsskalen wie Selbstwirksamkeit – Hafen der Sicherheit, internalisierte sichere Basis, Handlungsfähigkeit – , Verbundenheit und Gegenseitigkeit in Beziehungen). Wie bereits erwähnt, rückte der erhöhte Anteil der Bindungsklassifikation »unverarbeitetes Trauma« in klinischen Gruppen, gemessen mit dem AAI, stärker in den Fokus. Diesen stabilen Befund konnten wir mit dem AAP bei n = 218 Patienten und Probanden aus verschiedenen Stichproben replizieren[114]. Mehr als die Hälfte (51.6 %) unserer untersuchten Patienten (n = 218) wurden als »unverarbeitetes Trauma« klassifiziert. Zusätzlich erfolgte eine *differenzierte Analyse der bindungsdesorganisierten Narrative,* um charakteristische Merkmale bei verschiedenen Störungsbildern (z. B. Posttraumatischen Belastungsstörungen (PTBS), Borderline Persönlichkeitsstörungen (BPS), Depression, Suchterkrankung) herausfinden zu können[115]. Die Bindungsklassifikationen unterschieden sich nicht nur zwischen Patienten und Gesunden, sondern auch innerhalb der klinischen Gruppen signifikant, wobei PTBS- und BPS-Patienten den höchsten Anteil an »unverarbeitetem Trauma« zeigten. Dieser Befund wurde in der Bindungsforschung mehrmals repliziert und macht deutlich, dass besonders die Patienten mit starken Bindungstraumata in der Kindheit diese im Erwachsenalter nicht verarbeiten konnten. Bei Konfrontation mit diesen Erfahrungen zeigen sie eine spezifische emotionale Dysregulation in ihrer sprachlichen Darstellung. BPS-Patientinnen wiesen den signifikant höchsten Anteil an autobiographischem Material im Vergleich zu allen anderen klinischen Störungsbildern auf[116]. Sie bezogen die Bilderthemen in ihrem Narrativ stark auf ihre eigene Geschichte und es wurde ihre Unfähigkeit, allein zu sein und sich an andere zu wenden, deutlich. Die PTBS-Patienten dagegen erzählten Geschichten, die gekennzeichnet waren von Erstarrung und Konstriktion.

---

114 Juen F et al. (2013)
115 Juen F et al. (2013)
116 Juen F et al. (2013)

Das AAP in der experimentellen und neurobiologischen Bindungsforschung

Eine weitere fruchtbare Anwendbarkeit des AAP liegt in der Möglichkeit dieses *experimentell* einzusetzen. In den letzten Jahren entwickelten wir verschiedene Bindungsparadigmen mit dem AAP, um sowohl mit Hilfe der funktionellen Magnetresonanztomographie (fMRT)[117] als auch mit dem Elektroenzephalogramm (EEG)[118] sowie mit neuroendokrinen bzw. biometrischen Parametern (Oxytozin, Kortisol, Herzrate, Blutdruck) Korrelate von Bindung zu messen[119]. Dabei wurde das AAP entweder als Stimulusmaterial eingesetzt, um das Bindungssystem zu aktivieren, oder als Instrument, um Bindungsrepräsentationen im Zusammenhang mit Reaktionszeiten[120], endokrinen oder psychophysiologischen Parametern zu erfassen.

Buchheim et al.[121] entwickelten bei Gesunden ein Paradigma mit dem AAP, das sich für die Anwendung in einem *fMRT-Experiment* eignete. Die Probanden wurden aufgefordert im fMRT-Scanner zu den AAP-Bildern Geschichten zu erzählen. In unserer Pilotstudie wurden erste Unterschiede der neuronalen Aktivität bei verschiedenen Bindungsgruppen herausgearbeitet. Probandinnen mit »unverarbeitetem Trauma« zeigten entsprechend der Hypothese mehr Aktivierungen in limbischen Regionen als Personen mit organisierter Klassifikation[122]. Eine weiterführende größere Studie mit diesem Paradigma untersuchte neuronale Korrelate von Bindungstraumata bei Patientinnen mit einer Borderline-Persönlichkeitsstörung im Vergleich zu Gesunden[123]. Hier zeigte sich, dass die BPS-Patientinnen im Vergleich zu Gesunden zu monadischen Bildern, die Alleinsein repräsentierten, signifikant mehr traumatische Inhalte erzählten und eine Aktivierung in einer Region des anterioren cingulums (ACC) zeigten. Wir interpretierten diesen Befund als ein mögliches neuronales

117 Buchheim A et al. (2006a, 2006b, 2008a, 2012a, 2012b), Labek K et al. (in Vorbereitung)
118 Buchheim A et al. (in Vorbereitung)
119 Buchheim A et al. (2009), Jobst A et al. (under review), Krause S et al. (in Vorbereitung), Balint EM et al. (in Vorbereitung)
120 Wichmann et al. (in Vorbereitung)
121 Buchheim A et al. (2006a, 2006b)
122 Buchheim A et al. (2006b)
123 Buchheim A et al. (2008a)

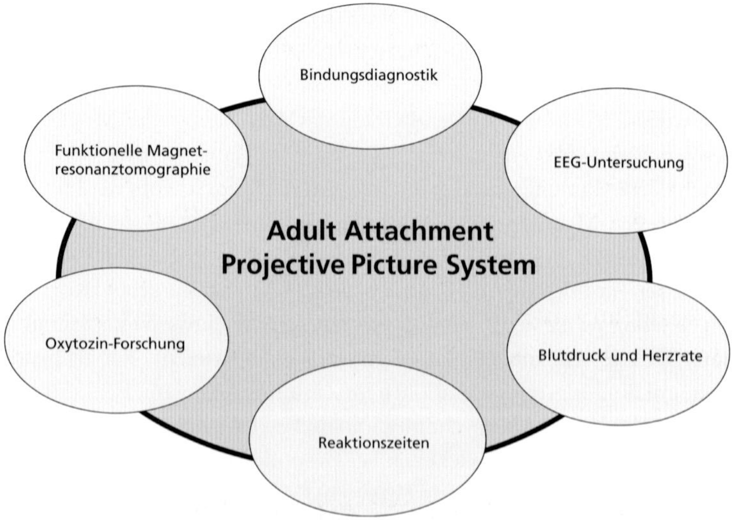

Abb. 7: AAP und experimentelle Settings nach Buchheim

Korrelat von Schmerz und Furcht, gestützt durch die in den Narrativen gehäuft auftretenden traumatischen Inhalte[124]. Deutlich wird, dass die Angst vor dem Verlassenwerden insbesondere dann aktiviert wird, wenn die Patientinnen sich vorstellen sollen, eine Konfliktsituation allein zu lösen, in der keine Bezugsperson direkt zur Verfügung steht.

In der Hanse Neuro-Psychoanalyse-Studie setzten wir ebenso das AAP als individualisiertes Paradigma ein, um den Therapieerfolg einer psychoanalytischen Behandlung in einem neurobiologischen Kontext zu untersuchen[125]. Auf dieses Paradigma und die Befunde wird in der 5. Vorlesung genauer eingegangen.

In der psychosomatischen Forschung fand das AAP als Stimulusmaterial Anwendung, um den Anstieg von Blutdruck und Herzrate bei Patienten mit Hypertonie zu untersuchen[126]. Im Bereich der *Oxytozinforschung* eignete sich eine modifizierte Form des AAP, um die Wirkung des

124 Buchheim A et al. (2008a)
125 Buchheim A et al. (2012a, 2012b)
126 Balint EM et al. (in Vorbereitung)

intranasal applizierten Oxytozins im Vergleich zu Placebo durch eine vorübergehend erhöhte Bindungsbereitschaft nachzuweisen[127]. In einer gerade abgeschlossenen Pilot-Studie wurde das AAP-Interview als direkter Stimulus eingesetzt, um die erhöhte Oxytocinfreisetzung bei Müttern nach Abschluss der Bindungsaufgabe nachzuweisen[128]. Eine experimentelle Studie bei Borderline-Patienten zeigte, dass Patientinnen mit einem unverarbeitetem Trauma eine niedrigere Oxytozinkonzentration hatten als jene mit einer organisierten Bindungsklassifikation. Die Veränderung im Oxytocinsystem wird jüngst als mögliches neurobiologisches Korrelat bei dieser Patientengruppe vorgeschlagen[129] und zeigte hier einen Zusammenhang mit Bindungstraumata auf[130].

Nachweis unverarbeiteter Bindungstraumata bei der Borderline-Persönlichkeitsstörung: Forschungsbefunde und eine Einzelfalldarstellung

In der Pathogenese der Borderline-Persönlichkeitsstörung spielen – wie bereits mehrmals erwähnt – Traumata während der Kindheit eine wichtige Rolle. Unter mehreren klinisch-bindungstheoretischen Konzepten sind aus bindungstheoretischer Perspektive folgende Aspekte relevant:

- Bindungsdesorganisation als potentieller Risikofaktor für die BPS[131]
- Unfähigkeit, allein zu sein[132]
- Eingeschränkte Fähigkeit zur Mentalisierung[133]
- Gehäuftes Vorliegen der Bindungsklassifikation »Unverarbeitetes Trauma«.

127 Buchheim A et al. (2009)
128 Krause S et al. (in Vorbereitung)
129 Jobst A et al. (2014)
130 Jobst A et al. (under review)
131 Lyons-Ruth K, Jacobvitz D (1999)
132 Gunderson JG (1996), Zanarini et al. (2003)
133 Fonagy P et al. (2000, 2003)

Auch wenn bis jetzt keine Längsschnittbefunde vorliegen, kann man modellhaft davon ausgehen, dass desorganisierte Bindung im Kindesalter bei der Entwicklung einer Borderline-Persönlichkeitsstörung mitbeteiligt ist. »Die Unfähigkeit, allein zu sein« ist eines der diagnostischen Kriterien des DSM-IV für die Borderline-Persönlichkeitsstörung. Beherrscht von einer intensiven Angst vor dem Alleinsein[134] und einer wenig ausgeprägten intrapsychischen Verankerung wichtiger Bezugspersonen, verwechseln Borderline-Patienten häufig Abwesenheit mit manifester Verlassenheit. Klinische Befunde wie auch aus unserer AAP-Bildgebungsstudie[135] sprechen dafür, dass diese innere Repräsentanz von Alleinsein und die damit zusammenhängende Desorganisation und Dysregulation des Bindungssystems bei Patienten mit BPS ein klinisch relevantes Merkmal darstellt, das persistent bestehen bleibt und im therapeutischen Fokus eine besondere Aufmerksamkeit verdient. Das Einfühlungsvermögen in die Komplexität mentalen Befindens und die Fähigkeit, dabei unterschiedliche Perspektiven einzunehmen, stellen nach Fonagy[136] eine Entwicklungsleistung dar, die er als Mentalisierungsfähigkeit bezeichnet. Reflexionsvermögen kann »gehemmt« oder »verfälscht« werden, wenn sich die wichtigen Bindungsfiguren in der Kindheit wenig empathisch und feinfühlig verhalten. Fonagy et al.[137] schlagen die Interpretation vor, dass Borderline-Patienten aufgrund ihrer äußerst instabilen Bindungserfahrungen mit ihren Pflegepersonen (emotionale Vernachlässigung, Misshandlung, Missbrauch) nicht die Fähigkeit erlangen konnten, polare Affektzustände zu integrieren, was für die Entwicklung einer stabilen, sicheren Bindungsbeziehung und damit kohärenten Bindungserfahrung notwendig wäre[138]. Studien mit dem AAI belegen, dass ihre Fähigkeit zur Mentalisierung (Reflexive Kompetenz) deutlich eingeschränkt ist[139].

Zusammenfassend lässt sich festhalten, dass Borderline-Patienten am häufigsten mit der Kategorie »Unverarbeitetes Trauma« in Bezug auf

---

134 Gunderson JG (1996)
135 siehe oben, Buchheim A et al. (2008a)
136 Fonagy P (1991)
137 Fonagy P et al. (2000)
138 Fonagy P et al. (2000), Fonagy et al. (2003)
139 z. B. Fischer-Kern M et al. (2010, 2015)

Missbrauchs- und Misshandlungserfahrungen sowie mit einer eingeschränkten Mentalisierungsfähigkeit klassifiziert werden[140].

Einzelfall einer Patientin mit Borderline-Persönlichkeitsstörung

Im folgenden Fallbeispiel soll dieser in der Literatur konsistente Befund anhand von Transkriptausschnitten veranschaulicht werden[141].

Die Patientin Ulla, mit einer BPS, 25 Jahre alt, ledig mit wechselnden Partnern und ohne Kinder, wurde sowohl im AAI als auch im AAP in die Kategorie »unverarbeitetes Trauma« eingestuft. Klinisch fällt sie durch ein hohes Ausmaß an Dissoziation und ausgeprägte Impulsivität in Form von Selbstverletzungen auf. Die Patientin erzählt von wenig liebevollen Erfahrungen mit beiden Eltern, die geprägt waren durch häufige Zurückweisung, massive Rollenumkehr (Partnerersatz) seitens des Vaters und extreme emotionale Vernachlässigung durch beide Bindungspersonen. Ihr unverarbeitetes Trauma in Bezug auf einen frühen sexuellen Missbrauch durch den Vater zeigt sich anhand starker Auswirkungen dieser Erfahrungen auf der Verhaltensebene und einer noch wenig ausgeprägten Fähigkeit, darüber zu reflektieren bzw. die abgespaltenen Anteile in ein kohärentes Bild zu integrieren. Trotz massiver langjähriger Übergriffe fühlt sie sich in der Erinnerung dem Vater näher und entwertet dabei die Mutter als eine äußerst schwache Person, mit der sie sich bis heute nicht identifizieren kann.

> Die Beziehung zu ihrem Vater schildert sie als »scheinheilig«, »sexbesessen«, »gefährlich« und »machtausübend«. Neben dem sexuellen Missbrauch im Alter von fünf bis zwölf Jahren habe sie sich oft auch lebensbedroht gefühlt.
>
> I: »Sie haben gesagt, die Beziehung zwischen Ihnen und Ihrem Vater war gefährlich. Haben Sie da eine konkrete Erinnerung?«

140 Bakermans-Kranenburg MJ, van IJzendoorn MH (2009), Buchheim A, George C (2011)

141 siehe auch Buchheim A, George C (2012)

P: »Das eine, was ich furchtbar gefährlich fand, war das, was ich Ihnen erzählt hab, das mit der Bettdecke. Ich wusste, wenn ich jetzt was tue, der bringt mich um. Ich dachte öfter, dass er mich umbringt, wenn ich irgendwie was tue und ... und er war ja auch, also er konnte sehr aggressiv werden. Also ich war meines Lebens nicht sicher. Und ja, so konkrete Situation weiß ich noch: Ich war dreizehn und hab überlegt, meinen Vater umzubringen. Das Problem war die Waffe, ich hatte nur ein Messer, schon ein stabiles, aber ... ah ... da war so der Gedanke also, wenn ich das erste Mal nicht gut treffe, dann bin ich erledigt.«

Die aus bindungstheoretischer Sicht »lebensnotwendige« Verleugnung der Bedrohung durch den Vater kommt in der AAI-Frage 5 (»Wem haben Sie sich als Kind näher gefühlt?«) zum Ausdruck, als sie die missbräuchliche Situation mit positiven Erinnerungen verknüpft und damit die traumatischen Erfahrungen abspaltet:

I: »Wem haben Sie sich als Kind näher gefühlt und warum war dies wohl so?«

P: »Ganz klar meinem Vater, weil der mir ... – also in der Zeit von fünf bis zwölf, früher wahrscheinlich eher meiner Mutter, keine Ahnung. Aber der hat mir immer Geschichten erzählt dann danach, das war schön eigentlich. Ich mochte das, wenn er Geschichten erzählt hat. Und der hat einem auch mal was ... also der hat einen nicht immer so knapp gehalten wie meine Mutter. Der hat einem auch mal was vergönnt oder so. Das war bei meiner Mutter nicht. Und irgendwie war mein Vater einfach stärker. Also meine Mutter, die war ja immer schwächlich gewesen und ich wollte auch nicht irgendwie so werden wie sie und hab sie eigentlich ziemlich abgelehnt. Also diese Schwäche hat mich abgestoßen, das tut sie heute noch.«

Die Patientin wird sich der Auswirkungen des Missbrauchs auf ihre weitere Entwicklung erst im Rahmen der aktuellen stationären psychosomatisch-psychotherapeutischen Behandlung langsam bewusst (AAI-Frage 10), inwieweit ihre Kindheitserfahrungen einen Einfluss auf ihre heutige Persönlichkeit haben:

P: »Tja, ich hab lange geglaubt, ich hab die Sache schon im Griff, kein Problem. Man muss bloß wieder neu anfangen, sich ein bisschen auf die Hinterbeinchen stellen. Ja, ich hab gedacht, ich hab das also verarbeitet. Das hab ich auch jedem erzählt, dass ... ich konnte die Sache erzählen, ohne jetzt eine Emotion dabei zu empfinden, also völlig cool und ja ... die andern immer erschüttert und für mich ... Ich dachte, ach, diese Frau will Mitleid erzielen und so, und das wirkt abstoßend, und ich wollte einfach anders sein, und jetzt musste ich leider Gottes entdecken (lacht etwas), dass ich nicht damit fertig bin. Und zwar überhaupt nicht. Also ich hab massivste Probleme im sexuellen Bereich natürlich. Überhaupt im ganzen Freundschaftsbereich. Also, nicht bloß mit Männern, sondern mit auch mit Freundinnen ganz einfach. Da krieg ich totale Gefühlsstürze ab und zu und fühle mich dann plötzlich bedroht oder irgendwie. Also, alles was Emotionen betrifft, da ... Ich weiß auch nicht, das ist bei mir teilweise so heftig, ich denke, ich werde verrückt. Ja, und alles, was Geschlechtsintensität betrifft, bin ich angeknackst. Also, ich war mit siebzehn beim Arzt und hab gefragt, ob man da nicht was machen könnte oder so, operieren. Also, ich hatte öfters die Vorstellung, dass ich eigentlich in Wirklichkeit ein Mann sein sollte. Erst langsam bin ich dabei zu glauben, dass er das alles wollte und nicht ich.«

Offenkundig kann sich die Patientin erst nach der Aufforderung zum Nachdenken darauf einlassen zu sagen, dass sie sich geschädigt fühlt. Sie spricht ihre heutigen Probleme nun direkt an und berichtet über massive Probleme im sexuellen Bereich sowie in anderen Beziehungen – begleitet von emotionaler Instabilität und einer Unsicherheit in ihrer Geschlechtsidentität. Als Desorganisation (»unverarbeitetes Trauma«) wird hier bewertet, dass sie aufgrund des Missbrauchs auf der Verhaltensebene ausprägte pathologische Symptome entwickelte, die zum Zeitpunkt der Befragung noch vorhanden waren.

Auch im AAP wurde diese Patientin mit der Kategorie »unverarbeitetes Trauma« klassifiziert.

Zum AAP-Bild »*Kind am Fenster*« erzählt die Patientin die folgende Geschichte:

P: »Oh je, äh, da steht ein Mädchen am Fenster, schaut raus und wünscht sich weg, äh. Es kam dazu, das Mädchen es ist halbnackt, äh, es ähm fühlt sich vielleicht gar nicht sicher. Es will eigentlich woanders hin, es schaut raus, vielleicht, vielleicht schaut es auf die anderen Häuser, vielleicht wo der Lehrer wohnt, oder ja, es will jedenfalls weg, es ist schutzlos in einem großen Raum. Jedermann kann es äh, irgendwie anfassen und so. Es sieht sehr schutzlos aus. Die langen Haare, die, die liefern das Kind auch aus irgendwie, es sieht sehr ausgeliefert aus. Es hat einen Rock an. Sehr weiblich, sehr klein, sehr ausgeliefert eigentlich, furchtbar. Ja, es schaut halt raus, weil es natürlich weg will, und es wünscht sich ein besseres Leben. Wahrscheinlich ist es in der Familie, also ein großer Raum im Elternhaus oder so, aber es ist schutzlos, völlig schutzlos. Ja, es will weg von den Eltern, vor allem vom Vater vielleicht. Ihr Elternhaus ist der schlimmste Ort. Deswegen sieht das Kind auch aus wie eine Waise. Das Kind weiß, dass es auf sich selbst aufpassen muss. Das Mädchen will weg. Wenn es schlau ist, dann will es weg.«

2

Abb. 8a: Kind am Fenster, © George et al. (1999) all rights reserved

In dem Narrativ wurden die Wörter »schutzlos« und »sehr ausgeliefert« als Marker für die Abwehr »abgetrennte Systeme« kodiert. In der Auswertung soll beurteilt werden, ob das in der Geschichte beschriebene Mädchen fähig ist, die Bedrohung des Ausgeliefertseins zu lösen, indem es nachdenkt, Nähe zu einer Bindungsfigur sucht, Hilfe holt oder erfolgreich handelt. Wie in dem Transkriptausschnitt deutlich wird, bleibt das Mädchen in der Erzählung dem Vater/den Eltern jedoch ausgeliefert und zeigt keine der aufgeführten Möglichkeiten, der Bedrohung zu entkommen, obwohl es auf die anderen Häuser schaut, »wo vielleicht der Lehrer wohnt«. Die Aussagen »es will woanders hin«, »will weg von den Eltern«, »wünscht sich ein besseres Leben« deuten auf keinen spezifischen Ort hin, der Patientin steht kein »innerlich repräsentierter« Platz zur Verfügung, der Schutz bietet. Weiterhin beschreibt sie, dass es besser wäre, ein Junge zu sein, als ein Mädchen.

Das AAP zeigt, wie wenige Möglichkeiten die Patientin hat, bedrohliche Situationen durch Nachdenken zu lösen; wie dies in Fonagys Theorie der Mentalisierung gerade bei Borderline-Patienten als zentrale Einschränkung hervorgehoben wird. Durch die enge Operationalisierung im AAI (explizit begrenzt auf Bindungsthemen) erfahren wir im Allgemeinen wenig über Sexualität; in diesem Einzelfall wird die starke Verunsicherung der Patientin in ihrer Geschlechtsidentität deutlich und sie denkt sogar über eine »Operation« nach. Zudem erfahren wir im AAP, dass die Patientin Weiblichkeit mit Schwäche, Hilflosigkeit und Ausgeliefertsein assoziiert.

Bindungstheoretische Konzepte wie z. B. Emotionsregulation, Abwehrprozesse sowie das Bestehen einer internalisierten sicheren Basis eignen sich, um die Integrationsfähigkeit eines Individuums bezüglich bindungsrelevanter Erfahrungen zu erfassen und zu messen. Ziel einer Psychotherapie besteht darin, dysfunktionale Wahrnehmungen von sich selbst und anderen zu verändern und mentale Exploration zu fördern. Bowlbys Vorschläge für eine bindungsbezogene Psychotherapie werden auch heute noch als aktuell angesehen und wurden von einigen Psychotherapeuten aufgegriffen[142]. Er formulierte aus der Sicht der Bindungstheorie programmatisch fünf therapeutische Aufgaben[143]:

142 Holmes J (2001), Bateman A, Fonagy P (2006), Muller RT (2013)
143 Bowlby J (1980)

1. Der Therapeut dient als sichere Basis für die Selbstexploration,
2. die Reflexion der inneren Arbeitsmodelle in gegenwärtigen Beziehungen,
3. die Prüfung der therapeutischen Beziehung,
4. die Genese der inneren Arbeitsmodelle in den Bindungsrepräsentationen der Eltern und
5. die Realitätsprüfung der »alten« inneren Arbeitsmodelle auf Angemessenheit.

Konzepte der klinischen Bindungs- und Psychotherapieforschung im Kontext evidenzbasierter Borderline-Psychotherapien

Um eine Borderline-Persönlichkeitsstörung zu behandeln und auch langfristig eine Verbesserung zu erzielen, gelten derzeit nach den deutschen S2-Leitlinien[144] vier psychotherapeutische Verfahren als evidenzbasiert[145]:

1. Dialektisch-Behaviorale Therapie (Dialectic Behavioral Therapy, DBT)[146]
2. Schematherapie (Schematherapy)[147]
3. Mentalisierungsbasierte Therapie (Mentalization Based Treatment, MBT)[148]
4. Übertragungsfokussierte Psychotherapie (Tranference Focused Psychotherapy, TFP)[149].

144 (Bohus et al. 2008)
145 (Leichsenring et al. 2014, Stoffers et al. 2012)
146 Linehan MM et al. (1991)
147 Young JE (1990), Young JE et al. (2003)
148 Bateman A, Fonagy P (2004, 2006)
149 Clarkin JF et al. (1999), Yeomans FE et al. (2015)

Diese manualisierten Therapiemethoden verfügen in der Regel über eine mehrdimensionale Diagnostik, klare Rahmenbedingungen, eine Therapievereinbarung, diverse Therapieprinzipien, eine Hierarchisierung der Behandlungsziele, einen multimodaler Ansatz und fordern eine Supervision anhand von Videoaufzeichnungen.

Im Folgenden möchte ich auf drei dieser Therapiemethoden näher eingehen, die sich auf die Bindungstheorie beziehen, um Aspekte der *Bindung* und *Exploration* in diesen Psychotherapieansätzen herauszuarbeiten.

Schematherapie

Die in den 1980er Jahren von Jeffrey Young entwickelte Schematherapie basiert auf der »kognitiven Therapie für Persönlichkeitsstörungen« nach Aaron Beck[150]. In der Arbeit mit schwer persönlichkeitsgestörten Patienten fiel auf, dass dysfunktionale emotionale Schemata wesentliche Störungsanteile aufrechterhalten, die sich der direkten kognitiven Arbeit entziehen. Aus dieser Erfahrung heraus modifizierte und erweiterte die Schematherapie die traditionellen Behandlungsformen und Konzepte der kognitiven Verhaltenstherapie. Die Schematherapie ist als eklektischer Ansatz anzusehen, der Elemente aus der kognitiven Verhaltenstherapie, der Transaktionsanalyse, der Gestalttherapie, der Hypnotherapie, der Objektbeziehungstheorie und der Bindungstheorie verbindet. Ziel der Schematherapie aus bindungstheoretischer Sicht ist eine *erhöhte Explorationsfähigkeit* der Patienten zu erreichen.

Der Schematherapie liegt die Annahme zugrunde, dass durch Frustration oder nicht Erfüllen der Grundbedürfnisse in der frühen Lebensphase maladaptive Schemata entstehen[151]. Diese bestehen aus Mustern von Erinnerungen, Emotionen, Kognitionen und Körperempfindungen. Ein aktiviertes Schema löst bestimmte Bewältigungsformen, beispielsweise Erdulden, Vermeiden oder Kompensation aus, um das frustrierte Grundbedürfnis zu kompensieren oder zu regulieren. Um Schemata aufzulösen, müssen gegensätzliche positive Erfahrungen gemacht wer-

150 Young JE (1990), Young JE et al. (2003)
151 Young JE (1990)

den. Der Fokus der Schematherapie ist daher auf die Aktivierung, Klärung und Modifikation der emotionalen Schemata gerichtet.

In der ersten Therapiephase werden mithilfe von Fragebögen zunächst die maladaptiven Schemata identifiziert und die Annahmen des Therapeuten im Gespräch mit dem Patienten überprüft. Anschließend erstellt der Therapeut ein Fallkonzept. Es beginnt damit die zweite Phase der Therapie, in der fünf Interventionsprinzipien zum Einsatz kommen:

1. Einschätzung und Edukation über Schemata,
2. Kognitive Interventionen,
3. Erlebnisbasierte Interventionen (Imaginationen),
4. Unterbrechung maladaptiver Verhaltensmuster mit den Techniken der Verhaltenstherapie,
5. Therapeut-Patient-Beziehung als therapeutisches Agens

Während der Behandlung leitet der Therapeut zu Imaginationen an und übernimmt beispielsweise im imaginativen Rollenspiel einen Part der Eltern. Er bietet dem Patienten über das sogenannte »limited reparenting« (begrenzte Nachbeelterung) die elterlichen Qualitäten, die in der Kindheit fehlten. Je nach Problematik und bestehenden Schemata können dies elterliche Fürsorge sein, Stärkung des Vertrauens, Vermittlung von Stabilität, emotionale Zuwendung und Fördern der Unabhängigkeit. Die therapeutische Arbeit zielt darauf ab, in Anlehnung an das Vorbild des Therapeuten den Schemamodus »gesunder Erwachsener« zu verinnerlichen. Der Patient soll zukünftig maladaptive Schemata identifizieren, deren Wirkung erkennen und gesunde Verhaltensweisen entwickeln können, also erlernte Automatismen durch zielgerichtete, bewusste und angemessene Handlungen ersetzen.

Aus bindungstheoretischer Sicht wird das *Bindungssystem* während der Imaginationsübungen aktiviert und der Therapeut wird zur vorübergehenden *Bindungsperson*. Es werden dabei die jeweils aktiven Schemamodi (z. B. verlassener Kind-Modus, bestrafender Elternmodus) der Patienten identifiziert und mit Hilfe der Nachbeelterung führen emotional korrigierende Erfahrungen zu einer Verbesserung der Explorationsfähigkeit und zur Internalisierung eines Erwachsenenmodus.

Mentalisierungs-Basierte Therapie (MBT)

Diese Therapieform wurde von Bateman und Fonagy[152] auf der Grundlage eines bindungsorientierten psychodynamischen Behandlungskonzepts entwickelt. Mentalisieren ist ein neueres psychologisches Konstrukt, das Elemente aus den Kognitionswissenschaften, der Psychoanalyse, der Entwicklungspsychologie, der Bindungstheorie, der Affektforschung, der Theory of Mind (TOM) und der Neurobiologie zusammenführt. Mentalisieren bedeutet die Fähigkeit, sich auf die inneren, »mentalen« Zustände (Gedanken, Gefühle, Wünsche, Bedürfnisse, Überzeugungen etc.) von sich selbst und anderen einzulassen, diese als dem Verhalten zugrunde liegend zu begreifen und darüber nachdenken zu können[153]. In der Ätiopathogenese schwerer Persönlichkeitsstörungen nimmt die Beeinträchtigung des Mentalisierens aufgrund von repetitiven Fehlabstimmungen entwicklungspsychologisch zentraler Spiegelungsvorgänge in den frühen Bindungsbeziehungen eine zentrale Stellung ein. Durch diese Fehlabstimmungen kommt es zu einer nachhaltigen Beeinträchtigung des Mentalisierens, insbesondere in Situationen, in denen das Bindungssystem aktiviert wird. Daraus erwachsen schwerwiegende Störungen der Affekt- und Selbstregulation im interpersonellen Kontext und das Auftreten sog. prämentalistischer Modi (Teleologischer Modus, Äquivalenzmodus, Als-ob-Modus) und projektiver Identifikation zur Externalisierung des fremden Selbst (»Alien Self«)[154].

Im Äquivalenzmodus werden die innere und äußere Realität als identisch erlebt, im Als-ob-Modus wirken Patienten wie abgeschottet und emotional nicht erreichbar. Da in erster Linie zwischenmenschlich signifikante Situationen das Bindungssystem aktivieren, ist die Berücksichtigung dieser Modi für die psychotherapeutische Behandlung höchst relevant. Ausgehend von der Überzeugung, dass psychische Veränderungsprozesse nur induziert werden können, wenn mentalisiert wird, ist der Fokus auf das gemeinsame Mentalisieren gerichtet[155]. Der Therapeut stimmt sich stets auf die aktuelle Mentalisierungsfähigkeit des Patienten

152 Bateman A, Fonagy P (2004)
153 Fonagy P (1991)
154 Fonagy P et al. (2003)
155 Bateman A, Fonagy P (2004, 2006)

ein und gestaltet seine Interventionen entsprechend. Das bedeutet: Je niedriger das Mentalisierungsniveau, desto einfacher und prägnanter die Intervention. Er verlangsamt ggf. das Geschehen und geht mit dem Patienten Schritt für Schritt durch das Narrativ (»Stop and Stand«), beziehungsweise lenkt aktiv zu einem Punkt im Gespräch zurück, an dem zuletzt mentalisiert wurde (»Stop and Rewind«)[156].

Der Therapeut dient selbst als Modell für gelungenes Mentalisieren und exploriert aus einer natürlichen Haltung des »Nicht-Wissens« heraus. Das Stellen einfacher Fragen ist eine zentrale Intervention der MBT. Der Therapeut fokussiert mit seinen Fragen immer wieder den Affekt, insbesondere auch das latente affektive Geschehen zwischen Patient und Therapeut während der Sitzung. Er verbindet auftretende Affekte mit aktuellen oder früheren interpersonellen Situationen. Dabei werden die Affekte des Patienten nicht primär gedeutet. Überschießende »negative« Affekte werden nicht benannt, sondern Schritt für Schritt gemeinsam mentalisiert, um das aktivierte Bindungssystem zu beruhigen. Der Therapeut übernimmt eine aktive Rolle dabei, das affektive Spannungsniveau im optimalen Bereich zu halten, das heißt, die affektive Intensität der Sitzung wird vom Therapeuten gesteuert. Die Patienten sind in der verdichteten interpersonellen Situation ständig mit Affektüberflutungen und prämentalistischen Zuständen konfrontiert[157].

Ziel der MBT ist demnach die *erhöhte Explorationsfähigkeit in Form der Mentalisierung und eine Reduktion der Bindungsaktivierung*. Dies geschieht durch die empathische Identifizierung mit dem subjektiven Zustand des Patienten und der nicht primär auf Einsicht oder deutende Konfrontation ausgerichteten Haltung des Therapeuten.

Übertragungsfokussierte Therapie (TFP)

Die Behandlungsmethode der »Transference-focused Psychotherapy« (TFP) entwickelten Kernberg, Clarkin und Yeomans in den letzten 20 Jahren auf der Grundlage der Objektbeziehungstheorie und der Konzeption der Borderline-Persönlichkeitsorganisation (BPO). Die TFP

156 Bateman A, Fonagy P (2004, 2006)
157 Bateman A, Fonagy P (2004, 2006)

eignet sich insbesondere für Patienten, die nach Kernberg[158] in das diagnostische Spektrum der »Borderline-Persönlichkeits-Organisation« (BPO) einzuordnen sind und eine *ausgeprägte Identitätsstörung* in Form einer *Identitätsdiffusion* aufweisen. Bei dieser evidenzbasierten manualisierten psychodynamischen Psychotherapie handelt sich um eine modifizierte, störungsorientierte Form der analytischen Psychotherapie, die im ambulanten Setting zweistündig im Sitzen stattfindet, von einem Therapievertrag gestützt wird und zentral an der *Übertragungsbeziehung* im Hier und Jetzt arbeitet[159].

Aus bindungstheoretischer Sicht ist eines der Ziele und Wirkfaktoren der TFP-Behandlung nicht nur eine Aktivierung von Übertragungsreaktionen der dominanten Objektbeziehungen anhand der Techniken der Klärung, Konfrontation und Deutung zu bewirken, sondern auch durch Bindungsaktivierung eine erhöhte Explorations- und Integrationsfähigkeit in der therapeutischen Interaktion im »Hier und Jetzt« zu erreichen.

Primäre Therapieziele der TFP sind die Reduzierung der borderlinespezifischen Symptome wie z. B. Depression, Angst und Suizidalität, selbstschädigendes Verhalten, unzureichende Kontrolle über Affekte, impulsives Verhalten und Agieren sowie eine Verminderung der Gefahr von Therapieabbrüchen. *Strukturelles Ziel* der Behandlung ist es, fragmentierte innere Bilder vom eigenen Selbst und den Anderen zu integrieren, die Reflektionsfähigkeit und die interpersonellen Beziehungen zu verbessern[160].

Am Beginn der Behandlung steht eine Diagnostik-Phase, in der die Vorgeschichte mit biographischen Eckdaten, wichtige Ereignisse der Kindheit und Jugend sowie die Abfolge des Auftretens der Symptome und damit einhergehender Belastungssituationen erhoben wird. Im Gegensatz zur früheren Gewohnheit vieler psychodynamisch orientierter Kliniker, die sich bei der Diagnostik eher auf ihre »Intuition« verließen, misst TFP in Erweiterung zur deskriptiven ICD/DSM-Diagnostik einer psychodynamischen Diagnostik auf mehreren Ebenen eine wesentliche Bedeutung bei. Die Einschätzung der Strukturdiagnose im Strukturellen Interview und/oder Strukturierten Interview der Persönlichkeitsorganisation (STIPO)

158 Kernberg OF (1998, 2000)
159 Clarkin JF et al. (1999), Yeomans FE et al. (2015)
160 Doering S, Buchheim P (2005)

erstreckt sich über die Symptomatik und Verhaltensauffälligkeiten hinaus auf die Dimensionen Identität, Objektbeziehungen, Abwehr, Aggression, Moral und Realitätsprüfung[161]. Ergänzend wird sie besonders in der Forschung die Bindungsdiagnostik (AAI, AAP) eingesetzt, um die Veränderungen der Bindungsmuster in Verlauf der Therapie zu erfassen[162].

Die Aufgabe des Therapeuten ist es, dem Patienten im Hier und Jetzt der aktuellen Interaktion sich seiner abgespaltenen und polarisierten internalisierten Selbst- und Objektrepräsentanzen bewusst werden zu lassen, die für die Heftigkeit und das Chaos in seinem inneren und äußeren Erleben und in der Therapiesitzung verantwortlich sind. Dabei sind drei Zugangsweisen relevant, die dem Therapeuten einen einfühlenden Zugang zum Patienten ermöglichen. Sie werden als »Kanäle« bezeichnet: verbale Kommunikation (»Was sagt der Patient?«; Assoziationen, Träume etc.), Handlungen und Affekte des Patienten (»Wie sagt es der Patient?«; Mimik etc.), Gegenübertragungsgefühle des Therapeuten (»Was löst er in mir aus?«). Um sich dieser Kanälen bedienen zu können, bedarf es einer offenen, vorurteilsfreien und akzeptierenden Haltung, die der klassischen »freischwebenden Aufmerksamkeit« nahekommt.

Weiterhin werden vier zentrale, aufeinander aufbauende Behandlungsziele in der TFP-Methode definiert, um die Integration durch Übertragungsdeutung zu erreichen und dem Patienten nach und nach aufzuzeigen, wie er durch Spaltungen die Erfahrung von Ängsten zu vermeiden versucht. Sie begleiten die gesamte Therapie als eine Art »innere Leitlinie«[163].

Ziel 1: Benennen der dominierenden Objektbeziehungen

Der erste Schritt besteht in einer für den Patienten verständlichen metaphorischen Beschreibung der aktivierten Beziehungsdyade mit Klärung der Rollenverteilung in dieser Interaktion. Die Kommentare des Therapeuten basieren auf seinen Beobachtungen, seiner Gegenübertragung und den Klärungen der aktuellen Beziehungserfahrungen des Patienten.

---

161 Kernberg OF (1998)

162 Levy KN et al. (2006), Buchheim A et al. (2012c, eingereicht), Diamond D et al. (2014)

163 siehe auch Dammann G et al. (2000)

Ziel 2: Beobachten und Deuten der Rollenwechsel des Patienten
Der zweite Schritt besteht in der Beobachtung und der Deutung des Wechsels der korrespondierenden Rollen zwischen Patient und Therapeut, die dem Patienten ermöglichen soll, mit der Zeit seine unbewusste Identifikation mit den Objekt- und Selbstrepräsentanzen zu verstehen, was zu einem stufenweisen Bewusstwerden der wechselseitigen Komplementarität dieser beiden Rollen führt. Im zweiten Schritt wird die Klärung und Konfrontation der beiden oszillierenden Pole einer bestehenden Dyade erreicht. Da die aktivierten idealisierten und verfolgenden Beziehungen in typischer Weise voneinander in unterschiedlichen Dyaden abgespalten sind, wird es dem Patienten ermöglicht, deren extrem dyadische Natur zu erkennen.

Ziel 3: Beobachten und Deuten von Verbindungen zwischen sich abwehrenden Objektbeziehungsdyaden
Der dritte Schritt schließlich besteht in einer deutenden Verbindung der wechselseitig dissoziierten positiven und negativen Übertragungen, welche die idealisierten und verfolgenden Beziehungen darstellen.

Ziel 4: Integrieren abgespaltener Teilobjekte
Indem eine Integration der abgespaltenen idealisierten und verfolgenden Erfahrungen erreicht wird, erfolgt auch eine Auflösung der Identitätsdiffusion und Modulation intensiver Affekte, da die primitiven euphorischen und hypomanischen mit ihren korrespondierenden angstvollen, verfolgenden und aggressiven Affekten integriert werden.

Das Verfahren arbeitet von Anfang an in der Therapie mit den psychoanalytischen Techniken der Klärung, Konfrontation und Deutung unbewusster Objektbeziehungen, die sich in der Übertragung und Gegenübertragung manifestieren. Aggressive und destruktive Elemente stehen früh im Fokus der Therapie, während supportive Elemente (Ermutigungen etc.) trotz der Schwere der Störung nicht angewendet werden. Es wird die zentrale Beziehungsstörung der Patienten durch die psychoanalytische Arbeit an und in der (Übertragungs-)Beziehung in den Mittelpunkt gestellt.

Aus bindungstheoretischer Sicht wird in der dyadischen therapeutischen Interaktion *durch die Bindungsaktivierung* eine *erhöhte Explorations- und Integrationsfähigkeit* erreicht. Im Folgenden wird auf die erfolgreiche Veränderung von unverarbeiteten Traumata durch die TFP Behandlung eingegangen.

Positive Veränderung von unverarbeiteten Bindungstraumata und Mentalisierungsfähigkeit durch die TFP-Behandlung

Bowlby[164] sah es im Einklang mit der psychoanalytischen Theorie als notwendig an, die internalisierten Bindungserfahrungen systematisch durchzuarbeiten. Die aktuellen Bindungsbeziehungen außerhalb und innerhalb des therapeutischen Rahmens sollen reflektiert werden, um die Bedingungen, unter denen sie entstanden sind, zu erkennen. Alte innere Arbeitsmodelle von Bindung sollten seiner Meinung nach an der Realität überprüft werden, um flexiblere, angemessenere neue Modelle zu entwickeln. Bowlby forderte seine Patienten konkret auf, darüber nachzudenken, mit welchen Gefühlen sie ihren wichtigsten Bezugspersonen begegnen würden. Er leitete sie behutsam an, ihr aktuelles Erleben mit demjenigen der Kindheit zu vergleichen und auf Wiederholungen zu achten. Auch die therapeutische Beziehung sollte überprüft und mit Selbst- und Elternrepräsentanzen verglichen werden. Er fokussierte dabei auf eine Ablösung von alten, unbewussten Schemata und die Erschließung neuer affektiv-kognitiver Handlungsschemata[165]. So könnte eine erfolgreiche Psychotherapie zu einem signifikanten Anstieg von sicherer Bindung führen[166]. Das Wissen um Aspekte von Bindungsmustern und deren Entstehung kann für Therapeuten gerade dann besonders hilfreich sein, wenn es in der Therapie um die angestrebte Veränderung von *maladaptiven* verzerrten Selbst- und Objektpräsentationen geht[167].

In der New Yorker Psychotherapiestudie mit n = 90 Borderline-Patienten wurde das Adult Attachment Interview (AAI) eingesetzt, um strukturelle Veränderungen gemessen anhand der Bindungsklassifikationen der Patienten nach einem Jahr abzubilden[168]. Zu Beginn der ambulanten Behandlung wurden nur 5 % der gesamten Stichprobe als

164 Bowlby J (1980)
165 Bowlby J (1980,)
166 Travis LA et al. (2001), Levy K et al. (2006), Taylor P et al. (2014), Buchheim A et al. (eingereicht)
167 Köhler L (1998), Buchheim A, Kächele H (2001, 2002, 2003)
168 Clarkin JF et al. (2006), Levy KN et al. (2006), Clarkin JF et al. (2007)

sicher-autonom eingestuft. Nach einem Jahr ambulanter Psychotherapie konnte ein signifikanter Zuwachs an Bindungssicherheit (15 %) nachgewiesen werden. Beim Vergleich von drei Therapieverfahren in dieser Stichprobe (Übertragungsfokussierte Psychotherapie [TFP], Dialektisch Behaviorale Therapie [DBT] und Supportive Therapie [SPT]) zeigte sich u. a. eine spezifische Verbesserung der Reflektionsfähigkeit (RF) nur in der Gruppe der mit TFP behandelten Patienten (N = 22) durch eine erhöhte Kohärenz beim Erzählen über die Bindungserfahrungen und einer erhöhten reflexiven Kompetenz (Mentalisierungsfähigkeit)[169].

In einer deutsch-österreichischen Multicenter-Studie[170] wurden in einem randomisiert-kontrollierten Design insgesamt 104 Patientinnen mit Borderline-Persönlichkeitsstörung mit TFP bzw. Therapie von erfahrenen Psychotherapeuten, sog. Experienced Community Psychotherapists (ECP), behandelt. Die Veränderung der Bindungsrepräsentationen der n = 104 Patienten mit einer Borderline-Persönlichkeitsstörung wurden ebenfalls mittels des Adult Attachment Interview (AAI) nach 1 Jahr Behandlung untersucht[171]. Wir erwarteten zu Beginn der Behandlung in beiden Therapiegruppen einen hohen Prozentsatz an unsicheren, insbesondere desorgansierten Bindungsrepräsentationen (Unverarbeitetes Trauma) in Anlehnung an die Befunde der Metaanalyse von Bakermans-Kranenburg und van IJzendoorn[172]. Weiterhin beinhaltete unsere Hypothese in Anlehnung an Levy et al.[173] eine Veränderung von Bindungsunsicherheit zu Bindungssicherheit und darüber hinaus eine Veränderung von desorganisierter Bindung zu organisierter Bindung in der TFP-Gruppe im Vergleich zu ECP. Zu Beginn der Behandlungen erhielten über 50 % der Patientinnen die Klassifikation »Unverarbeitetes Trauma« und auch in dieser Studie wurde bestätigt, dass die mit TFP behandelten Patienten eine signifikante Veränderung von Bindungsrepräsentationen im Vergleich zu den mit ECP behandelten Patienten in der oben genannten Richtung zeigten[174]. Unsere Hypothesen wurden damit bestätigt.

169 Levy KN et al. (2006)
170 Doering S et al. (2010)
171 Buchheim A et al. (2012c), Buchheim et al. (eingereicht)
172 Bakermans-Kranenburg MJ, van IJzendoorn MH (2009)
173 Levy KN et al. (2006)
174 Buchheim A et al. (eingereicht)

Ausschnitt eines AAI-Interviews zu Beginn der Behandlung einer TFP-Patientin mit unverarbeitetem Trauma

Folgender Ausschnitt eines AAI-Interviews zu Beginn der Behandlung einer TFP-Patientin soll verdeutlichen, wie irrationale Schuld und Verleugnungsprozesse bezüglich der traumatischen Erfahrung abgespalten nebeneinander stehen und demnach als »unverarbeitetes Trauma« gelten:

»*Ich wurde missbraucht zwischen 6 und 10 Jahren, ich denke ich war 10 Jahre alt. Ich habe es meiner Mutter erzählt, aber sie hat mich total zurückgewiesen und alles mir in die Schuhe geschoben. Ich denke es war gar nicht so schlimm, vielleicht habe ich es selbst verschuldet, ja wahrscheinlich war es so, also nicht zu dramatisch*«.

Später erzählte die Patientin im Interview wiederum, wie beschädigt sie sei und sich ihren Gefühlen vollkommen ausgeliefert fühlt.

Nach einem Jahr TFP-Therapie zeigt die Patientin eine zunehmende Integrationsfähigkeit, sich und andere realistischer wahrzunehmen und Gefühle offener zulassen zu können:

»*Ich wurde missbraucht zwischen 6 und 10 Jahren. Jetzt wird mir langsam klar, wie viel es mir ausgemacht hat, dass ich mit meiner Mutter nicht darüber sprechen konnte. Sie verleugnete es und ich eben auch. Das war sehr schlimm im Nachhinein betrachtet. Es ist immer noch sehr schwer für mich darüber zu sprechen und ich ertappe mich immer noch dabei zu glauben, dass ich alles initiiert haben soll, aber ich weiß gleichzeitig, dass ich nicht schuld bin und kann mit diesen Gefühlen jetzt besser umgehen. Ich bin mir selbst nicht mehr so ausgeliefert*«.

In dieser Studie wurde auch die Veränderung der *Mentalisierungsfähigkeit* mit der Reflective Functioning Scale von Fonagy et al.[175] untersucht. Mit diesem Instrument ließ sich ebenfalls nachweisen, dass die TFP-Gruppe in Bezug auf die Reflexionsfähigkeit der Vergleichsgruppe (ECP) signifikant überlegen war[176]. Folgendes Beispiel soll dies veranschaulichen. Die Reflektionsfähigkeit wurde zu Beginn der Therapie als sehr niedrig kodiert (RF = 1).

175 Fonagy P et al. (1998)
176 Fischer-Kern M et al. (2015)

Zu Beginn der Behandlung beschreibt eine Patientin auf die Frage »Warum haben sich aus Ihrer Sicht Ihre Eltern so verhalten wie sie sich verhalten haben?« ihre Einschätzung folgendermaßen:

»Weil meine Mutter mich liebte mehr als alles andere, deshalb«. »Und mein Vater, nun, ich weiß es wirklich nicht, warum mein Vater so brutal war. Naja er ist ohne Vater aufgewachsen, sein Vater war Alkoholiker, aber mein Vater also warum er zu mir freundlicher war als zu den anderen Geschwistern kann ich Ihnen nicht sagen, ich weiß es nicht«.

Nach einem Jahr Behandlung zeigt die Patientin eine moderate Reflektionsfähigkeit (RF = 5). Auf die gleiche AAI-Frage antwortet sie jetzt:

»Nun, ich denke mein Vater war so aggressiv, weil er hatte es aus seiner Familie, sein Vater war Alkoholiker und dieser war auch schon aggressiv, und offensichtlich war seine Mutter auch aggressiv gegenüber ihm und schlug ihn, und ich denke mein Vater war verzweifelt, er hatte sich immer ein anderes Leben vorgestellt als mit drei kleinen Kindern in einem kleinen Appartement zu sitzen … Und warum meine Mutter, ok sie hatte drei Kinder auf die sie aufpassen musste und war von ihrem Mann abhängig zu dieser Zeit, der Mann bringt das Geld nach Hause, und ich denke meine Mutter war mit sich beschäftigt, mit ihren Krankheiten und die hielt es kaum aus, wenn ich mal Kummer hatte«.

Das Adult Attachment Interview erfasst die strukturelle Veränderung in Bezug auf die inneren Arbeitsmodelle von Bindung (flexible Integrationsfähigkeit, Kohärenz, Mentalisierung) und dabei integrierte Selbst- und Objektwahrnehmung, die einen neuen Spielraum für mentale Exploration eröffnet.

Die Übertragungsfokussierte Therapie (TFP) ist bisher die einzige Behandlungsmethode für Borderline-Patienten, die etablierte Bindungsinterviews wie das AAI erfolgreich einsetzte, um bindungsbezogene strukturelle Veränderungen nach 1 Jahr Behandlung nachzuweisen.

4. Vorlesung Bindungs- und Psychotherapieforschung in der klinischen Psychotherapie

Bindung und Psychotherapie – Befunde zur therapeutischen Allianz und zur Bindung von Patienten und Therapeuten

Es liegen Befunde vor, die uns die Bedeutung der Bindungsforschung für die Psychotherapie vor Augen führen: Es handelt sich dabei um Untersuchungen über Zusammenhänge zwischen Bindungsmerkmalen und therapeutischer Beziehung, um Ergebnisse von Studien zur Vorhersage von Wirksamkeit der Therapie, die auf der Veränderung von Bindungsrepräsentationen im Therapieverlauf basieren, und über Bindungsmuster von Psychotherapeuten selbst.

In der therapeutischen Beziehung wird die sichere Basis für die Exploration als ein wesentliches, bindungsrelevantes Charakteristikum angesehen. Die Bereitschaft, therapeutische Hilfe in Anspruch zu nehmen, steht in Abhängigkeit von den unterschiedlichen Bindungsstilen, z. B. distanziert gebundene Menschen suchen seltener Hilfe und neigen dazu, ihre Probleme zu bagatellisieren[177].

Auch die Konzepte der *Übertragung* und *Gegenübertragung* erscheinen im bindungstheoretischen Kontext in einem neuen Licht. Dozier und Bates[178] weisen z. B. daraufhin, dass sich Interviewer bei der Durchführung eines Bindungsinterviews mit einer unsicher-distanzierten Person, die bei potentiell emotionalen Themen ihr Bedürfnis nach Distanz vermehrt zum Ausdruck bringt, in der Gegenübertragung eher abgelehnt

---

177 siehe Strauss B (2011)
178 Dozier M, Bates BC (2004)

fühlten. Interviewer erlebten unsicher-verstrickte Personen als emotional beanspruchend, da diese eine oft endlose Diskussion über ihre Konflikte aufbrachten und den Befrager in ein Gespräch verwickelten. Die Interviews mit sicher Gebundenen werden hingegen »oftmals als Vergnügen« erlebt[179]. In einer anderen Untersuchung[180] wurden Gruppen von Studenten und angehenden Psychotherapeuten per Tonband prototypische Sequenzen aus dem Adult Attachment Interview vorgespielt. Therapeuten und Studenten sollten nach jedem Interview ihre eigenen Impulse, ihre Befindlichkeit und Gegenübertragungsgefühle standardisiert beurteilen. In beiden Gruppen riefen bindungsdistanzierte Narrativausschnitte feindseligere Reaktionen, eher schlechte Befindlichkeit und negative Gegenübertragungsimpulse hervor. Die Ausschnitte sicher gebundener Personen wurden mit Abstand am positivsten bewertet. Die angehenden Therapeuten wurden über hypothetische Behandlungsentscheidungen bzw. -indikationen befragt. Dabei wurden Narrativausschnitte von unsicher-verstrickten Probanden vermehrt für eine Therapie indiziert angesehen, die von unsicher-distanzierten Personen am häufigsten wegen fehlender Indikation abgelehnt.

Dieses Paradigma wurde auch aktuell im neurowissenschaftlichen Kontext eingesetzt. Die Befunde der Untersuchung zeigten, dass beim Zuhören eines prototypisch bindungsdistanzierten Transkriptausschnitts im fMRT-Scanner die gesunden Probanden eine verzögerte neuronale Aktivität und verminderte Konnektivität aufwiesen[181].

Die klinische Bindungsforschung untersucht, ob Bindungsmerkmale von *prädiktiver* Bedeutung für das Ergebnis von Psychotherapien sind. Eine Metaanalyse von 14 unabhängigen Studien mit einer Gesamtstichprobe von n = 1467 Patienten von Levy et al.[182] bestätigte den positiven Zusammenhang zwischen Bindungssicherheit und dem Behandlungsergebnis (d = 0,37) und machte einen negativen Zusammenhang zwischen Therapieerfolg und ängstlicher (verstrickter) Bindung (d = 0,46) deutlich.

179 Dozier M, Bates BC (2004)
180 Martin A et al. (2007)
181 Borchardt V et al. (2015)
182 Levy K et al. (2011)

Die Bindungsrepräsentation des Therapeuten beeinflusst ebenfalls den Therapieerfolg. Muller (2013) geht davon aus, dass es für die Therapeut-Patient-Dyade hilfreich ist, wenn beide über gegensätzliche Bindungsstile verfügen. Erstmals zeigte eine Studie, dass schwer gestörte Patienten besonders von einem sicher-gebundenen Therapeuten profitieren[183]. Eine andere Studie fand heraus, dass verstrickte Angstpatienten die Therapie mit einem distanzierten Therapeuten als hilfreicher ansehen, wenn dieser selbst ein verstricktes Muster aufweist[184].

Im Kontext der Psychotherapieforschung erfolgten Untersuchungen mit dem Adult Attachment Interview oder Bindungsfragebögen, die den Nachweis liefern, dass unsichere und desorganisierte Bindungsrepräsentationen durch Psychotherapie signifikant verbessert werden können[185]. Im Folgenden wird eine Studie exemplarisch vorgestellt, die das Adult Attachment Projective Picture System im stationären Setting bei neurotischen Patienten einsetzte, um neben symptomatischen auch strukturelle Veränderungen zu messen.

Klinische Bindungsforschung in einer stationären psychodynamischen Behandlung mit der Katathym-Imaginativen Therapie

In einer gemeinsamen Studie untersuchten wir die Verknüpfung von bindungsrelevanten Bildern des AAP und der Katathym-Imaginativen Psychotherapie (KIP)[186] bei stationären Patienten[187]. Da bei beiden Ansätzen Bilder und innere Vorstellungen eingesetzt werden, stellte sich

183 Schauenburg H et al. (2010)

184 Petrowski K et al. (2012)

185 z. B. Fonagy P et al. (1996), Levy KN et al. (2006), Steele H et al. (2009), Buchheim A et al. (2012c), Buchheim A et al. (eingereicht), Taylor P et al. (2014), Hörz-Sagstetter S et al. (2015)

186 Leuner H (1980)

187 Masla U (2014)

die Frage, ob das AAP sich als produktiv für den Prozess der Katathym-Imaginativen Psychotherapie erweisen könnte.

Die Katathym-Imaginative Psychotherapie (KIP) ist eine psychodynamische Therapie, bei der Imaginationen genutzt werden, um unbewusste Motivationen, Phantasien, Konflikte und Abwehrmechanismen, Übertragungsbeziehung und Widerstände zu veranschaulichen und ihre Bearbeitung sowohl auf Symbolebene als auch im Gespräch zu fördern[188]. Begründet und entwickelt wurde diese Form der Psychotherapie von Hanscarl Leuner in den 1950er Jahren, der es 1958 als das »Katathyme Bilderleben« auf den Lindauer Psychotherapiewochen erstmals vorstellte.

Das »Katathyme Bilderleben« – eine imaginative Psychotherapie von Leuner

Leuner erkannte, dass neurotische Patienten zu »fixierten Bildern« mit Symbolgehalt neigen, die Aufschluss über ihre Konfliktsituation und ihr Abwehrverhalten geben. Erst durch das therapeutische Gespräch über den Symbolgehalt der Bilder, konnte eine für den Patienten sinnhafte Deutung und Veränderung erreicht werden.

Aus Sicht der Bindungstheorie mit dem Konzept der »internalen Arbeitsmodelle von Bindung«, sind durch das Katathyme Bilderleben reale Beziehungskonstellationen oder Anteile der Selbst- und Objektrepräsentanzen auf der inneren Bühne abbildbar und können therapeutisch bearbeitbar werden.

Zunächst nutzte Leuner wechselweise die Namen »Katathymes Bilderleben« oder »Symboldrama«. Das Wort »katathym« kommt aus dem Griechischen (katá = »gemäß«; thymos = »das Gemüt, die Seele«) und bedeutet damit in etwa: »das der Seele, der Emotionalität Gemäße« und berücksichtigt damit die Affektnähe der Imaginationen. Der Name »Symboldrama« trägt mehr dem Gedanken Rechnung, dass sich auf der inneren Bühne des Imaginierenden Symbolhaftes darstellen und entwickeln kann. Ab 1994 wurde der Name »Katathym-imaginative Psychotherapie« (KIP) eingesetzt. In den Niederlanden und in Schweden benutzt

188 Kottje-Birnbacher L (2001)

man den Namen »Symboldrama«, im englischsprachigen Raum wird die Bezeichnung »Guided Affective Imagery« (GAI) verwendet.

Die bildhaften Motive der KIP werden in drei Schwierigkeitsstufen unterteilt. *Grundstufenmotive* sind Wiese, Bach, Berg, Haus und regen dazu an, positive Szenarien entstehen zu lassen, die Entspannung und seelisches Auftanken zulassen. *Mittelstufenmotive* sollen zu potentiellen Konflikten hinführen und sind beispielsweise Tor, Weg, Begegnung mit einer Bezugsperson, Ideal-Ich. Die *Oberstufenmotive* sollen eine Konfrontation mit archaisch ängstigenden Motiven, z. B. »Höhle« oder »Vulkan« aktivieren und werden nur in fortgeschrittenen Therapien von erfahrenen Therapeuten eingesetzt.

Das Behandlungssetting der KIP sieht zwei voneinander abgegrenzte Phasen, sog. inhaltliche Ebenen, vor:

1. *Die Ebene der Imagination:* Hier liegt der Patient auf der Coach oder sitzt in einem bequemen Sessel, um nach einer kurzen Entspannungssuggestion in die Bildentwicklung zu einem vorgegebenen Motiv einzusteigen. Es entsteht ein Zustand der vertieften psychophysischen Entspannung, ähnlich dem Zeitpunkt des Einschlafens oder Aufwachens, der ein regressives Erlebnisniveau ermöglicht[189]. Der Patient beschreibt das vor seinem inneren Auge sich entwickelnde Bild und bleibt dabei im Dialog mit dem begleitenden Therapeuten. Dieser bringt sich dazu entweder aktiv ein oder hält sich zuhörend zurück, je nach Anforderung der Situation. Die Imagination verschafft dem Patienten ein direktes Erleben einer Szene mit starker Gefühlsbeteiligung. In dem abklingenden Erleben nach dieser Episode sprechen Therapeut und Patient allenfalls noch kurz über das Gefühlserlebnis und das Befinden des Patienten.

2. *Die Ebene des Nachgesprächs:* Dieses findet im Sitzen statt. Im Klinikalltag hat es sich bewährt, dass der Patient zu diesem Termin ein Bild zu der erlebten Imagination malt und mitbringt. Der Patient »protokolliert« damit auf aktive und zugleich subjektive Art und Weise sein Erleben der Imagination. Nun kann gemeinsam über das quasi nach außen verlagerte Bild gesprochen werden und eine kognitive Verarbeitung stattfinden. Anhaltspunkte für das Gespräch mit dem Patienten bietet bei Betrachtung des Bildes die Unterscheidung zwischen der

189 Leuner H (1980)

Objekt- und der Subjektebene. Das Bild ist einmal auf der Objektebene zu verstehen, dabei hat jedes vorkommende Objekt seine eigene Bedeutung, auf der Subjektebene betrachtet stellen alle vorkommenden Objekte verschiedene Anteile des Patienten dar. Hier kann recht eindrucksvoll die Wechselwirkung von interpersonellem und intrapsychischem Geschehen exploriert und verstanden werden.

Die besonderen Wirkfaktoren dieser Therapieform fasst Leuner[190] folgendermaßen zusammen:

1. Es findet eine *Ressourcenaktivierung* statt, insbesondere auch Ich-Stärkung durch Auftanken in einer imaginierten geborgenen Situation, in der sich dieselbe Affektintensität entfaltet wie in einer entsprechenden real erlebten Situation.
2. Auf der Bildebene sind sowohl *Konfliktdarstellung* als auch *Konfliktbearbeitung* mit Unterstützung des Therapeuten möglich.
3. Es wird eine phantasiegetragene und symbolvermittelte *Kreativität* gefördert, die zu spielerischem *Probehandeln* (Explorieren) wie zu alternativen Optionen der Problemlösung befähigt[191].

Die Rolle des Therapeuten liegt vor allem darin, durch seine Anwesenheit einen »angstfreien Schutzraum«[192] zur Verfügung zu stellen und den Patienten beim Finden von eigenen Lösungen und zum Probehandeln innerhalb der Szenarien zu ermutigen und ihm diese auch zuzutrauen. Im Schutz des Therapeuten kann der Patient es wagen, Ängstigendes anzuschauen oder etwas Neues auszuprobieren.

Ausgehend von der Bindungstheorie und dem Konzept der »internalen Arbeitsmodelle von Bindung« bestand in unserer Studie die Annahme, dass durch das Katathyme Bilderleben reale Beziehungskonstellationen oder Anteile der Selbst- und Objektrepräsentanzen auf der inneren Bühne abbildbar und therapeutisch bearbeitbar werden könnten, insbesondere wenn das AAP als Bindungsdiagnostik eingesetzt wurde und dessen Bilder zur Verfügung standen[193].

190 Leuner H (1980)
191 Kottje-Birnbacher L (2001)
192 Leuner H (1980)
193 Masla U (2014)

Studie über Katathym-Imaginative Psychotherapie zu ausgewählten Bindungsthemen

In einem randomisierten kontrollierten Studiendesign (RCT) mit einer Prä-Post-Messung erhielten 24 überwiegend depressive Patienten während ihres stationären Aufenthaltes in einem Psychosomatischen Fachkrankenhaus über fünf Wochen eine Katathym-Imaginative Psychotherapie zu ausgewählten Bindungsthemen (z. B. verlorenes Kind, sicherer geborgener Ort, Begegnung mit einer Bezugsperson). Sie absolvierten, ebenso wie die Kontrollgruppe mit 24 Patienten (Therapy as Usual) in der stationären psychotherapeutischen Behandlung, zweimal das AAP in einem Abstand von fünf bis sechs Wochen. Ansonsten war das therapeutische Setting in der Klinik für beide Patientengruppen gleich. Unsere Hypothese in der vorliegenden Studie war, dass Patienten, die diese Form der psychodynamischen Psychotherapie (KIP) erhielten, eine signifikante Veränderung ihrer Bindungsrepräsentationen entwickeln im Vergleich zu Patienten ohne diese Therapieeinheit.

Zu Beginn der Behandlung unterschieden sich die Patienten in beiden Gruppen nicht signifikant voneinander bezüglich ihrer Bindungskategorie. Die überwiegende Anzahl aller Patienten erhielt eine unsichere Klassifikation. Die Patienten in der KIP Gruppe wiesen am Ende der Behandlung eine statistisch signifikante Zunahme der Bindungsklassifizierung »sicher« auf und eine statistisch signifikante Abnahme der Klassifizierung »Unverarbeitetes Trauma«. Diese Veränderung ergab sich in der allgemeinen Psychotherapiegruppe ohne KIP (Therapy As Usual, TAU) nicht. Der allgemeine Beschwerdezustand, gemessen mit dem SCL-90 (Symptom Check Liste) verbesserte sich in beiden Therapiegruppen[194].

Dieser überraschende Befund zur Veränderung der Bindungsklassifikationen in der KIP-Gruppe könnte so interpretiert werden, dass durch die Behandlungen mit intensiven individualisierten Imaginationen ein hoher Zugewinn an persönlicher Selbstwirksamkeit angestoßen wird, was sich im AAP als Zuwachs an sicheren bzw. organsierten Bindungsklassifikationen zeigt. Durch die KIP werden die Patienten in den Ima-

194 Masla U (2014), Pokorny D et al. (in Vorbereitung)

ginationen explorierend angeleitet, sich und ihre Situationen besser verstehen zu können, und werden fähig, sich auf innere Dialoge, d. h. verändernde Prozesse, einzulassen.

Fallbeispiel über bindungsrelevante Imaginationen einer Patientin in der KIP

Folgendes Beispiel soll exemplarisch darstellen wie sich die mentale Exploration einer Patientin im Narrativ zu dem AAP Bild Friedhof durch die stationäre KIP Therapie verbessert hatte:

7

Abb. 8b: Friedhof, © George et al. (1999) all rights reserved

»Da steht jemand allein vor dem Grab. Ja was könnte derjenige denken. Du hast mich allein gelassen, warum bist du schon gegangen, du hast es schon hinter dir. Und ich stehe jetzt hier allein und muss weiter machen. Also er kommt mir rüber wie gelähmt, er weiß nicht weiter betäubt vor Angst, Unsicherheit, wie geht es weiter, kann ich wieder voran gucken, kann ich weiter leben? Wie wird es werden? Angst vor Einsamkeit.«

In diesem Narrativ wird die Angst vor der Einsamkeit des Zurückgebliebenen nicht konstruktiv aufgelöst. Es werden keine Hinweise für eine konkrete Handlungsfähigkeit oder Mentalisierungsprozesse in der Geschichte erkennbar.

Im zweiten AAP nach der Behandlung werden Denkprozesse erkennbar (Gedanken an die Vergangenheit und Zukunft) sowie eine konstruktive Handlungsfähigkeit (Grabpflege).

»Ja da besucht jemand das Grab von einem Freund, von einem Angehörigen, hält vielleicht Zwiesprache. Lässt so die Gedanken in die Vergangenheit schweifen, aber auch den Blick in die Zukunft nicht verhindern, weil das Leben geht ja weiter. Das könnte an für sich eine ganz alltägliche Szene sein, dass sich das wiederholt, dass dies so ein Ritual ist, er regelmäßig dann halt zum Grab geht, guckt ist alles in Ordnung, ein bisschen das Grab pflegt«.

Die bindungsrelevanten Imaginationen der KIP könnten ein Potential liefern, Verlusterfahrungen oder andere bindungsrelevante Situationen aufzuspüren und anhand des AAP sichtbar zu machen. Lebensereignisse wie z. B. Verluste traten durch die Diagnostik mit dem AAP und die anschließende Imaginationstherapie zutage, obwohl sie in der Regel zuvor in den allgemeinen Anamnesen nicht erwähnt wurden. KIP hat wohl die Möglichkeit durch Mechanismen wie Verschiebung[195] und durch das Anwenden von bestimmten Techniken im Umgang mit dem Traumbild die schmerzlichen Inhalte zu »containen«. Dieses technische Vorgehen war in dieser Behandlungsgruppe auf positive Weise gelungen: Nur eine Person erhielt im zweiten AAP in der KIP-Gruppe nach der Behandlung die Klassifizierung »Unverarbeitetes Trauma«.

Das hohe Ausmaß der Verbesserungen bezüglich der Bindungsrepräsentation, hing vermutlich auch mit den Patienten zusammen, die keine gravierenden strukturellen Störungen aufwiesen und somit von einer kurzen Behandlungsdauer profitieren konnten. Sie verfügten wohl bereits über gute Ressourcen, sich den bindungsrelevanten Episoden ihrer Biographie zu stellen und diese während der KIP-Therapieeinheit zu bearbeiten. Die Nachhaltigkeit dieser Befunde muss in weiteren Studien

195 Stigler M, Pokorny D (2008)

überprüft werden. Diese und andere Ergebnisse bestärken die Anwendung der Bindungsdiagnostik im klinischen Bereich, um für Therapie und Therapieplanung einen individualisierten Zugang zu potentiell unverarbeiteten Bindungsthemen zu gewinnen[196].

196 siehe auch George C, Buchheim A (2014), Finn SE (2011)

5. Vorlesung
Ein neurowissenschaftlicher Ansatz in der klinischen Bindungs- und Psychotherapieforschung im Rahmen psychoanalytischer Behandlungen

Veränderbarkeit von unverarbeiteten Verlusterfahrungen durch psychoanalytische Therapie

Psychodynamische Therapien verfolgen generell Veränderungsstrategien, die auf unbewusste Konflikte und typische maladaptive Verhaltensmuster fokussieren. Grundsätzlich geht es um die Identifikation und Bearbeitung von dysfunktionalen Beziehungs-, Erlebens- und Verhaltensmustern in der therapeutischen Beziehung und um Prozesse der Übertragung und Gegenübertragung zwischen Therapeut und Patient[197]. Im psychodynamischen Fokus stehen entweder mehr eingeschränkte Fähigkeiten zur Selbst- und Beziehungsregulation oder durch Identitätsstörung abgespaltene, verzerrte Objektbeziehungen und die damit verbundenen Affekte oder aber die Unfähigkeit, eigene innere Prozesse und die anderer Menschen zu erkennen, zu verstehen und darüber zu reflektieren[198].

Aus psychodynamischer Sicht wird davon ausgegangen, dass nicht in erster Linie das Erarbeiten einer alternativen Verhaltensstrategie zur Persönlichkeitsveränderung führt, sondern dass die Fähigkeit zum Reflektieren und Neubewerten der zugrunde liegenden Probleme des Verhaltens und Erlebens die Voraussetzungen für nachhaltige Veränderung schafft. Die eigentliche therapeutische Arbeit setzt an Denk-, Erlebens- und Beziehungsmustern und an korrigierenden kognitiven und emotio-

---

197 Thomä H, Kächele H (1985)
198 Kernberg OF (1999)

nalen Erfahrungen mit neu erschlossenen Veränderungsmöglichkeiten an[199].

Bindungsforschung in der Hanse Neuro-Psychoanalyse-Studie bei chronisch depressiven Patienten

Methoden der Bindungsforschung wurden in der Hanse Neuro-Psychoanalyse-Studie[200] erstmals eingesetzt, um Veränderungen der Bindungsrepräsentationen in einem neurobiologischen Kontext zu erfassen. Es handelte sich um eine Studie mit 20 chronisch depressiven Patienten im Vergleich zu nach Alter, Geschlecht und Bindung gematchten Kontrollprobanden ohne eine psychiatrische Erkrankung. Alle Probanden und Patienten wurden am Anfang der Therapie mit einer Reihe von klinischen Interviews und Fragebögen untersucht[201]. An dieser Stelle werden nur die Ergebnisse der Bindungsrepräsentationen, erhoben mit dem Adult Attachment Projective Picture System (AAP)[202] am Anfang und nach 15 Monaten psychodynamischer Therapie, zusammengefasst.

Einerseits diente dieses Instrument (AAP) in der Studie zur Evaluation der Veränderungen von Bindungsrepräsentationen durch die psychodynamische Therapie, andererseits diente die Erhebung der Bindungsnarrative am Beginn der Therapie dazu, individualisierte Kernsätze für das fMRT-Bindungsparadigma zu erstellen, um neuronale Veränderungen bei der Konfrontation mit personalisiertem Stimulus-Material am Anfang der Therapie und am Ende nach 15 Monaten zu messen[203].

In seinem dritten Band der Trilogie beschreibt Bowlby[204] die Entstehung der Depression aufgrund der mangelnden emotionalen Zuverlässigkeit einer Bindungsperson sowie als Folge von unverarbeiteten Trauer- und Verlusterlebnissen in der Lebensgeschichte. Diese klinische

199 siehe auch Renneberg B et al. (2010)
200 Buchheim A et al. (2008b, 2012c)
201 s. a. Taubner S et al. (2011)
202 George C et al. (1999), George C, West M (2012)
203 Buchheim A et al. (2012a, 2012b)
204 Bowlby J (1980)

Beobachtung, dass Verlusterfahrungen ein Risikofaktor für dieses Störungsbild darstellen, wurde durch eine Vielzahl von überwiegend retrospektiven und auch längsschnittlichen Studien belegt[205]. Harris et al.[206] kamen zu dem viel zitierten Ergebnis, dass ein früher Mutterverlust vor dem 11. Lebensjahr ein hohes Risiko für eine spätere Erkrankung an einer Depression darstellt. 42 % der Mädchen ihrer Untersuchung, deren Mutter vor dem 11. Lebensjahr gestorben war, entwickelten später eine Depression, während nur 14 % der Mädchen, deren Mütter nach deren 11. Lebensjahr gestorben waren, an einer Depression erkrankten.

In Anlehnung an die berichtete Häufung von Verlusterfahrungen bei depressiven Patienten, der Metaanalyse von Bakermans-Kranenburg und van IJzendoorn[207] sowie der Studie von Fonagy et al.[208] mit Patienten mit einer Major Depression gingen wir in unserer Studie ebenfalls von einer prädominanten Häufung unverarbeiteter Traumata bei den Patienten aus[209]. Die Ergebnisse bestätigten diese Hypothese: Erwartungsgemäß zeigten die Patienten mit chronischer Depression am Anfang der Behandlung signifikant häufiger »unverarbeitete Traumata« als die gesunden Probanden. Entsprechend unserer Annahme veränderten sich die Patienten nach 15 Monaten Behandlung signifikant in die erwartete Richtung. Die Verteilungen der Bindungsklassifikationen der Patienten unterschieden sich von denen der Kontrollprobanden nicht mehr[210].

Fallbeispiel: Unverarbeitetes Trauma in Narrativen zum AAP-Bild »Friedhof«

Die Hälfte der bindungsdesorganisierten Patienten mit der Klassifikation »Unverarbeitetes Trauma« zeigten Bindungsdesorganisation in den Narrativen zu dem Bild »Friedhof«, was die Bedeutung von Verlusterfahrungen bei den depressiven Patienten erhärtete. Mit der Reflective Func-

205 siehe auch Buchheim A et al. (2013)
206 Harris T et al. (1990)
207 Bakermans-Kranenburg MJ, van IJzendoorn MH (2009)
208 Fonagy P et al. (1996)
209 Buchheim A et al. (2012a)
210 Buchheim A et al. (2012a)

tioning Scale[211] konnte untermauert werden, dass die reflexiven Fähigkeiten der Patienten in Bezug auf *Verlusterfahrungen* deutlich niedriger sind als die generellen reflexiven Fähigkeiten[212].

7

Abb. 8b: Friedhof, © George et al. (1999) all rights reserved

Zu dem AAP Bild »Friedhof« erzählt eine Patientin aus der Studie folgende Geschichte:

»*Hier ist eine wichtige Person verstorben und der Mann vor dem Grab ist halt sehr traurig und fühlt sich hilflos, weiß halt nicht was er machen kann oder ob er überhaupt irgendwas machen kann. Also weiß halt auch nicht, also ist eigentlich für ihn unerträglich, dass diese Person nicht mehr da ist. Und, ja, ist ratlos, fühlt sich hilflos. Er hat die Person sehr geliebt. Er muss halt, also, er wird vermutlich noch oft ans Grab kommen bzw. irgendwann auch nicht mehr, weil es ihn halt immer schmerzt, wenn er da ist*«.

211 Fonagy P et al. (1998)
212 vgl. Staun L et al. (2010)

In diesem Narrativ wird deutlich, dass der Mann in der Geschichte in seiner Hilflosigkeit und seinem Schmerz gefangen bleibt. Es ist für ihn unerträglich, dass die verstorbene Person nicht mehr da ist. Anzeichen einer mentalen Verarbeitung dieser bindungsrelevanten Szene fehlen bisher aus bindungstheoretischer Sicht. Es sind keine Anzeichen von »Handlungsfähigkeit« (z. B. »er legt eine Blume ans Grab und zündet eine Kerze an«, »er geht nach Hause und versucht sich abzulenken«) oder einer internalisierten sicheren Basis (z. B. »er denkt an die Person und trauert«, »er ruft einen guten Freund an und lässt sich trösten«) zu erkennen.

Dagegen erzählt die gleiche Person nach 15 Monaten psychoanalytischer Behandlung (T2) zu dem AAP Bild »Friedhof« folgende Geschichte:

»*Das ist ein Mann der steht vor einem Grab und der Grabstein ist schief. Der guckt sich das ziemlich genau an, und es könnte auch ein ganz altes Grab sein, von, also weil da ist ja auch kein Blumenbeet davor oder so. Vielleicht ist es einfach so, dass er, auf der, also, zum Beispiel einen alten jüdischen Friedhof besucht oder so und interessiert ist an der Situation oder an dem, was er da sieht. Und, kann auch persönliche Befangenheit dabei sein, ja. Auf jeden Fall ist es kalt, weil er auch viel anhat (Pause) Und er scheint alleine da zu sein, was dann eigentlich, also vielleicht ist es auch ein Familienmitglied das er da besucht, oder dessen Grab er aufsucht und auf jeden Fall ist er Gedanken versunken und auch ernst, ja. Und er geht aus der Situation auch irgendwann wieder raus, macht weiter. Wie könnte es in der Geschichte weitergehen? Er wird vielleicht da noch ein Weilchen dort verweilen und es anschauen und dann irgendwann geht er weiter und dann sinniert er noch über die Situation. Und dann, ja, passieren wieder neue Dinge und er ist wieder in neuen Situationen, also jetzt in der Zukunft*«.

In diesem Narrativ ist zu erkennen, dass der Mann in Gedanken versunken ist, über die Situation sinniert, wieder neue Dinge passieren und er in der Lage ist zu explorieren. Die Verzweiflung und Hilflosigkeit wie in der ersten Geschichte zu Beginn der Behandlung ist nicht mehr vorhanden. Auch wenn keine tieferen Denkprozesse im Sinne einer internalisierten sicheren Basis entsprechend des AAP-Manuals vorkommen, sondern eher oberflächliche Denkprozesse (»in Gedanken versunken«, »nachsinnieren«), so ist dennoch eindeutig, dass es um eine Zukunftsperspektive geht. Ein »Marker«, der auf eine potentiell unverarbeitete Verlustthematik hinweist (»ein Familienmitglied, das er da besucht«), wird dadurch aufgelöst, dass der anschließende Satz klar stellt, dass es sich um einen Verstorbenen handelt (»oder dessen Grab aufsucht«). Andere Themen, die das Bindungssystem bedrohen (wie z. B. »emotionaler Schmerz«) sind nicht mehr enthalten, was auf einen sog. verarbeiteten Bindungsstatus hinweist.

Bindungsrelevante und neurobiologische Ergebnisse der Hanse-Neuro-Psychoanalyse-Studie

Wie bereits erwähnt setzten wir ein individualisiertes fMRT-Bindungsparadigma mit dem AAP ein, um neuronale Veränderungen während der Psychotherapie zu messen[213]. Das Procedere war folgendermaßen: Mit den Patienten und den Probanden wurde ein AAP-Interview durchgeführt und bezüglich seiner Bindungsklassifikationen kodiert. Aus den jeweiligen Narrativen zu den sieben Bildern wurden drei Kernsätze im Konsensus von 2 unabhängigen Raterinnen extrahiert für jeden einzelnen Probanden und Patienten zusammen mit den AAP-Bildern im fMRT-Scanner präsentiert (z. B. 1) *Das kleine Mädchen ist eingesperrt irgendwo in einem leeren Raum 2) Sie fühlt sich verzweifelt und hilflos 3) Sie schließt sich ein ohne Hoffnung und ist total verloren).*

Ein erster Durchgang im Experiment bestand aus der Kombination AAP-Bilder und individualisierte Sätze aus den jeweiligen Narrativen der Probanden und Patienten, der nachfolgende Durchgang bestand aus der Kombination von AAP-Bildern und neutralen Sätzen. Die Versuchspersonen erhielten die Instruktion, das AAP-Bild mit dem jeweiligen individuellen Kernsatz fünf Sekunden aufmerksam zu betrachten, gefolgt von

213 Buchheim A et al. (2012b)

einem Fadenkreuz für zehn Sekunden. Als Kontrast dienten neutrale die Umgebung beschreibende Sätze (»hier sind zwei Vorhänge rechts und links und ein Fenster zu sehen«), die ebenfalls in drei Variationen zu jedem AAP-Bild für fünf Sekunden gezeigt wurden. Diese neutralen Sätze wurden für alle Probanden gleich gehalten. Die Präsentationsdauer des Experiments betrug 21 Minuten.

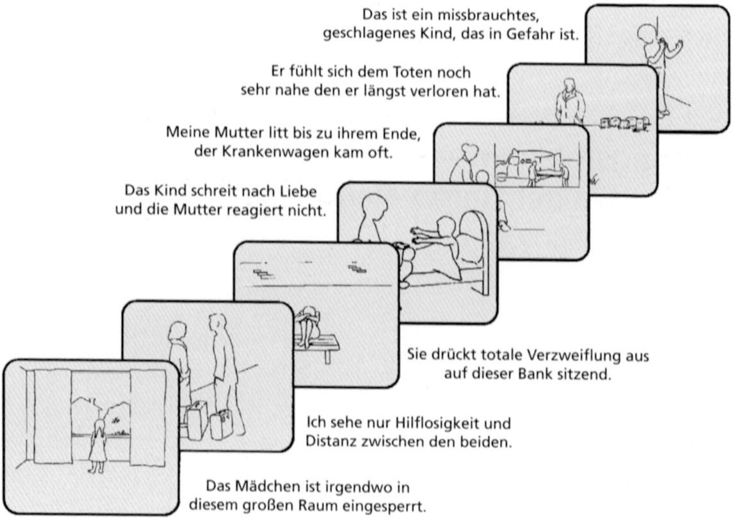

Abb. 9: Bindungsparadigma nach Buchheim

Nach jedem Experiment wurden von den Probanden und Patienten die relevanten Sätze nach ihrer emotionalen Involviertheit und autobiographischen Relevanz auf einer 7–Punkte-Likert-Skala eingeschätzt. Bei der Auswertung der Befunde zeigte sich, dass sich beide Gruppen in der Einschätzung beider Aspekte nicht signifikant voneinander unterschieden, was einen Hinweis liefert, dass potentielle neuronale Unterschiede nicht auf eine unterschiedliche subjektive emotionale Erregung in Bezug auf die Stimuli zurückgeführt werden können. Klinisch-psychodynamisch nahmen wir an, dass die Patienten durch die Therapie mehr »inneren Raum« und Einsichten gewinnen, um über ihre konflikthaften Beziehungsmuster besser nachdenken zu können, diese durchzuarbeiten und emotional korrigierende Erfahrungen zu machen, was sich bei der Konfrontation mit dem personalisierten Stimulus-Material im Kontrast zu nicht-personalisierten Sätzen neuronal abbilden sollte.

Neuronale Korrelate aus den bildgebenden Befunden über die Veränderungen bei depressiven Patienten nach psychoanalytischer Behandlung

Zu Beginn der psychoanalytischen Behandlung zeigten die Patienten im Vergleich zu den Gesunden eine erhöhte Aktivierung im Amygdala-Hippokampus-Komplex, ventralen anterioren cingulären Kortex (ACC), und medialen präfrontalen Kortex (MPC). Diese Aktivierungen nahmen nach 15 Monaten Behandlung signifikant ab und glichen sich den Gesunden an. Die neuronalen Veränderungen wurden bei den Gesunden nicht gefunden. Die Areale, insbesondere der Amygdala-Hippokampus-Komplex replizierte einen zentralen Befund aus der Studie von Fu et al.[214], während Veränderungen des ventralen ACC ebenso in anderen Studien mit depressiven Patienten nachgewiesen wurden[215]. Eine erhöhte Aktivierung des MPC wurde in anderen Studien mit erhöhten Kontrollprozessen und mit einer intentionalen Vermeidung und Unterdrückung von Emotionen bei depressiven Patienten in Zusammenhang gebracht[216]. Auch Bildgebungsstudien im Bereich der Bindungsforschung unterstreichen die Bedeutung der präfrontalen Aktivierung bei maladaptiven Bindungsprozessen während kognitiver Aufgaben[217]. Die verminderte Aktivierung des MPC nach 15 Monaten bei den Patienten unserer Studie könnte darauf hinweisen, dass diese nach 15 Monaten psychoanalytischer Behandlung diese Kontroll- und Verdrängungsmechanismen nicht mehr einsetzen müssen. Der signifikante Zusammenhang dieser Interaktionseffekte im ventralen ACC und MPC mit der klinischen Verbesserung

---

214 Fu CHY et al. (2008)
215 z. B. Brody AL et al. (2001), Goldapple K et al. (2004)
216 Ochsner KN, Gross JJ (2005)
217 z. B. Gillath O et al. (2005)

unterstützt die Annahme, dass diese Veränderungen mit positiven Therapieeffekten assoziiert sind[218].

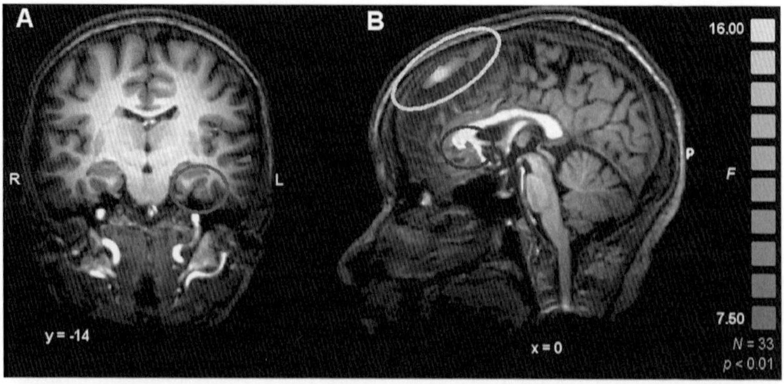

Abb. 10: Bildgebungsbefunde: Ergebnisse der statistischen Auswertung der Interaktion, Relevanz x Diagnosegruppe x Zeit; A: Darstellung der Interaktion in der Amygdala/vorderer Hippocampus. B: die gleiche Interaktion im subgenualen Cingulum und im vorderen medialen präfrontalen Kortex nach Buchheim

In dieser Vorlesung wurden die wichtigsten publizierten Bindungsbefunde als eine Teilstudie aus der Hanse-Neuro-Psychoanalyse-Studie zusammengefasst. Wie hier herausgearbeitet und deutlich gemacht werden sollte, sind wir überzeugt, dass ein *individualisierter Forschungsansatz* im Bereich der neurobiologischen Psychotherapieforschung sinnvoll ist, um spezifischere *therapierelevante* Aspekte auch mit der *Operationalisierten Psychodynamischen Diagnostik valide* zu erfassen[219]. Die Untersuchungen mit der OPD im Kontext der Hanse Neuropsychoanalyse Studie stellen einen weiteren erfolgreichen psychodynamisch orientierten Forschungsschwerpunkt zur neuronalen Veränderungsmessung dar. Auch wenn bisher eine große Anzahl von Studien vorliegt, die Bindungsinterviews in gesunden und klinischen Stichproben einsetzten, um die Häufigkeit von unsicheren und desorganisieren Bindungsrepră-

218 Buchheim A et al. (2012 a, 2012b)
219 Kessler H et al. (2011), Wiswede D et al. (2014)

sentationen zu ermitteln, sind Untersuchungen zur Veränderbarkeit von Bindung durch Psychotherapie mit diesen Methoden noch selten. In diversen Untersuchungen werden *Verlusterfahrungen* als Risikofaktor für die Entwicklung einer Depression hervorgehoben. Im Rahmen der Hanse-Psychoanalyse-Studie konnten wir erstmals bei chronisch depressiven Patienten neben der symptomatischen Veränderung die erfolgreiche Veränderung von unverarbeiteten Traumata in Bezug auf Verluste hin zu einem verarbeiteten Bindungsstatus nach 15 Monaten psychoanalytischer Behandlung sowie neuronale Veränderungen in depressionsrelevanten Arealen feststellen, die mit einer symptomatischen Verbesserung signifikant korrelierten.

Ein Fazit zur bindungsorientierten Psychotherapie und Forschung

Schon Bowlby schlug vor, dass der Therapeut ein Begleiter der Exploration des Patienten sein und diese nicht nur interpretieren sollte. Außerdem wies er daraufhin, dass es für den Therapeuten wichtig sei, eine vertrauenswürdige und zuverlässige Figur zu sein, eine sichere Basis. Durch die therapeutische Beziehung kann der Patient sich emotional so versichern, dass ihm eine Erkundung seiner inneren Phantasien oder seiner äußeren Realitäten möglich wird. Das Ziel in einer bindungsorientierten Therapie ist die Modulation oder Verbesserung von dysfunktionalen inneren Arbeitsmodellen in Richtung eines sicheren inneren Arbeitsmodells von Bindung. Aktuelle Psychotherapiestudien aus dem psychodynamischen Kontext belegen die Veränderbarkeit von unsicheren und desorganisierten zu sicheren bzw. organisierten Bindungsrepräsentationen. Die Verbesserung von Selbst- und Beziehungsregulation und der Fähigkeit, eigene innere Prozesse und die anderer Menschen zu erkennen, zu verstehen sowie darüber zu reflektieren, sind Fokus psychodynamischer Verfahren, die durch etablierte Interviewmethoden zur Erfassung von inneren Arbeitsmodellen von Bindung abgebildet werden können. Neuere wie der hier vorgestellte Ansatz befassen sich mit der Integration von Psychotherapieforschung, Bindungsforschung und den Neurowissenschaften.

Literaturverzeichnis

Agrawal HR, Gunderson J, Holmes BM, Lyons-Ruth K (2004) Attachment studies with borderline patients: A review. Harvard Review of Psychiatry 12, 94–104

Ainsworth MDS, Bell SM, Stayton DJ (1974) Infant-Mother attachment and social development: ›Socialisation‹ as a product of reciprocal responsiveness to signals. In: Richards MPM (Eds) The integration of a child into a social world (pp. 99–135). Cambridge University Press, New York

Ainsworth MDS, Blehar MC, Waters E, Wall S (1978) Patterns of attachment. A psychological study of the strange situation. Erlbaum, Hillsdale, New Jersey

Bakermans-Kranenburg MJ, van IJzendoorn MH (2009) The first 10,000 Adult Attachment Interviews: distribution of adult attachment representations in clinical and non-clinical groups. Attachment and Human Development 11, 223–263

Bakermans-Kranenburg MJ, van IJzendoorn MH, Juffer F (2003) Less Is More: Meta-Analyses Of Sensitivitiy and Attachment Interventions In Early Childhood. Psychological Bulletin 129, 195–215

Balint EM, Gander M, Funk A, Waller C, Buchheim A (in Vorbereitung) High Prevalence of insecure Attachment in Patients with primary Hypertension

Bateman A, Fonagy P (2004) Psychotherapy for Borderline Personality Disorder: Mentalization-based treatment. Oxford University Press, Oxford

Bateman A, Fonagy P (2006) Mentalization-based Treatment for Borderline Personality Disorder. A Practical Guide. Oxford University Press, Oxford

Beebe B (2003) Brief mother–infant treatment: Psychoanalytically informed video Feedback. Infant Mental Health Journal 24, 24–52

Bohus M, Buchheim P, Doering S Herpertz SC, Kapfhammer HP, Linden M, Schweiger U, Resch F, Tress W (2008) S2-Praxisleitlinien in Psychiatrie und Psychotherapie. Bd 1 Behandlungsleitlinie Persönlichkeitsstörungen. Steinkopf, Darmstadt

Borchardt V, Krause AL, Li M, van Tol MJ, Demenescu LR, Buchheim A, Metzger CD, Sweeney-Reed CM, Nolte T, Lord AR, Walter M (2015) Dynamic disconnection of the supplementary motor area after processing of dismissive biographic narratives. Brain Behav 14;5(10):e00377. doi: 10.1002/brb3.377

Bowlby J (1944) Forty-four juvenile thieves: Their characters and home-life. The International Journal of Psycho-Analysis 25, 19–51, 107–128

Bowlby J (1951) Frühe Bindung und kindliche Entwicklung. Reinhardt, München, 6. Aufl. (1.–3. Aufl. unter dem Titel Mutter und Kindliche Entwicklung, Maternal care and Mental health, Genf, WHO).

Bowlby J (1960) Grief and mourning infancy and early childhood. Psychoanalytic Study of the Child 15, 9–52

Bowlby J (1969) Attachment and Loss. Vol. 1: Attachment. Basic Books, New York

Bowlby J (1973) Attachment and Loss. Vol. 2: Separation. Anxiety and Anger. Basic Books, New York

Bowlby J (1980) Attachment and Loss. Vol. 3: Loss, sadness and depression. Hogarth, London

Bowlby J (1991) Mit der Ethologie heraus aus der Psychoanalyse In: Grossmann KE, Grossmann K (Hrsg) Bindung und menschliche Entwicklung (S. 40–41). Klett Cotta, Stuttgart

Bretherton I, Munholland KA (2008) Internal working model in attachment relationships: Elaborating a central construct in attachment theory. In: Cassidy J, Shaver P (Eds), Handbook of Attachment (pp. 102–127). Guilford, New York, 2nd ed.

Brisch KH (2010) SAFE®-Sichere Ausbildung für Eltern. Klett-Cotta, Stuttgart

Brisch KH, Bechinger D, Betzler S, Heinemann H, Kächele H, Pohlandt F, Schmücker G, Buchheim A (2005) Attachment quality in very low birthweight premature infants in relation to maternal representations and neurological development. Parenting: Science and Practice 5, 311–331

Brody AL, Saxena S, Stoessel P, Gillies LA, Fairbanks LA, et al (2001) Regional brain metabolic changes in patients with major depression treated with either paroxetine or interpersonal therapy: Preliminary findings. Arch Gen Psychiatry 58, 631–640

Buchheim A (2011) Borderline Persönlichkeitsstörung und Bindungserfahrung. In: Dulz B, Herpertz S, Kernberg O, Sachsse, U (Hrsg) Handbuch der Borderline Persönlichkeitsstörungen (S. 158–167), Schattauer, Stuttgart, 2. Aufl.

Buchheim A, Benecke C (2007) Mimisch-affektives Verhalten bei Patientinnen mit Angststörungen während des Adult Attachment Interviews: Eine Pilotstudie. *Psychother Psych Med* 57: 343–347

Buchheim A, Brisch KH, Kächele H (1998) Einführung in die Bindungstheorie und ihre Bedeutung für die Psychotherapie. Psychother Psych Med 8, 128–138

Buchheim A, Brisch KH, Kächele H (1999) Die klinische Bedeutung der Bindungsforschung für die Risikogruppe der Frühgeborenen: Ein Überblick zum neusten Forschungsstand. Zeitschrift für Kinder- und Jugendpsychiatrie 27, 125–138

Buchheim A, Cierpka M, Kächele H, Taubner S, Kessler H, Wiswede D, Münte T, Roth G (2008b) Psychoanalyse und Neurowissenschaften. Neurobiologische Veränderungsprozesse bei psychoanalytischen Behandlungen von depressiven Patienten. Nervenheilkunde 27, 441–445

Buchheim A, Erk S, George C, Kächele H, Kircher T, Martius P, Pokorny D, Ruchsow M, Spitzer M, Walter H (2008a) Neural correlates of attachment trauma in borderline personality disorder: A functional magnetic resonance imaging study. Psychiat Res: Neuroimaging 163(3), 223–235

Buchheim A, Erk S, George C, Kächele H, Ruchsow M, Spitzer M, Kircher T, Walter H (2006b) Measuring attachment representation in an fMRI environment: A pilot study. Psychopathology 39, 144–152

Buchheim A, Gander M, Juen F (2014) Klinische Bindungsforschung mit dem Adult Attachment Projective Picture System: Methodik, klinische Anwendung und Perspektiven. Psychotherapie Forum. doi: 10.1007/s00729-014-0011-6

Buchheim A, George C (2011) Attachment disorganization in borderline personality disorder and anxiety disorder. In: Solomon J, George C (Eds) Disorganized Attachment and Caregiving (pp. 343–383). Guilford Press, New York

Buchheim A, George C (2012) Das Adult Attachment Interview (AAI) und das Adult Attachment Projective Picture System (AAP). In: Doering S, Hörz S (Hrsg) Handbuch der Strukturdiagnostik (S. 182–218). Schattauer, Stuttgart

Buchheim A, George C, Erk S, Kächele H, Walter H (2006a) Measuring attachment representation in an fMRI environment: Concepts and assessment. Psychopathology 39, 136–143

Buchheim A, Heinrichs M, George C, Pokorny D, Koops E, Henningsen P, O'Connor M-F, Gündel H (2009) Oxytocin enhances the experience of attachment security. Psychoneuroendocrinology 34, 1417–1422

Buchheim A, Hörz-Sagstetter S, Doering S, Rentrop M, Buchheim P, Schsuter P, Pokorny D, Fischer-Kern M (eingereicht) Change of Attachment Status in Borderline Personality Disorder: RCT Study of Transference-Focused Psychotherapy

Buchheim A, Hörz-Sagstetter S, Rentrop M, Doering S, Fischer-Kern M (2012c). Attachment status before and after one year of transference focused psychotherapy (TFP) versus therapy as usual (TAU) in patients with borderline personality disorder. Paper presented at the 2nd International Congress on Borderline Personality Disorder and Allied Disorders, Amsterdam, The Netherlands.

Buchheim A, Kächele H (2001) Adult Attachment Interview einer Persönlichkeitsstörung: Eine Einzelfallstudie zur Synopsis von psychoanalytischer und bindungstheoretischer Perspektive. Persönlichkeitsstörungen Theorie und Therapie 5, 113–130

Buchheim A, Kächele H (2002) Das Adult Attachment Interview und psychoanalytisches Verstehen. Psyche – Z Psychoanal 56, 946–973

Buchheim A, Kächele H (2003) Adult Attachment Interview and psychoanalytic perspective. Psychoanal Inquiry 23, 55–81

Buchheim A, Labek K, Taubner S, Kessler H, Kächele H, Cierpka M, Roth G, Pokorny D, Menning H, Pogarell O, Karch S (in Vorbereitung) Neural changes in depressed patients during psychodynamic psychotherapy: Electrophysiological responses during an attachment paradigm

Buchheim A, Strauß B (2002) Interviewmethoden der klinischen Bindungsforschung. In: Strauß B, Buchheim A, Kächele H (Hrsg) Klinische Bindungsforschung (S. 27–53), Schattauer, Stuttgart

Buchheim A, Taubner S, George C (2013) Bindung, Psychotherapie und Bildgebung: Einblick in eine neurowissenschaftliche Studie zur psychoanalytischen Psychotherapie bei chronisch depressiven Patienten. In: Böker H, Seifritz E (Hrsg) Psychotherapie und Neurobiologie: Ein Blick in die Zukunft (S. 198–206). Huber, Bern

Buchheim A, Viviani R, Kessler H, Kächele H, Cierpka M, Roth G, George C, Kernberg OF, Bruns G, Taubner S (2012a) Neuronale Veränderungen bei chronisch-depressiven Patienten während psychoanalytischer Psychotherapie. Funktionelle Magnetresonanztomographie-Studie mit einem Bindungsparadigma. Psychotherapeut 57, 219–226

Buchheim A, Viviani R, Kessler H, Kächele H, Cierpka M, Roth G, George C, Kernberg O, Bruns G, Taubner S (2012b) Changes in prefrontal-limbic function in major depression after 15 months of long-term psychotherapy. PLoS ONE 7 (3), e33745. doi: 10.1371/journal.pone.0033745

Buchheim A, Ziegenhain U, Peter A, von Wietersheim H, Vicari A, Kolb A, Schulze U (2007a) Unverarbeitete Verlusterfahrungen bei Müttern mit einer Angststörung und ihre Kinder: Eine transgenerationale Pilotstudie. Nervenheilkunde 26, 1130–1135

Carlson EA (1998) A prospective longitudinal study of attachment disorganization/ disorientation. Child Development 69, 1107–1128

Carlson V, Cicchetti D, Barnett D, Braunwald K (1989) Disorganized/disoriented attachment relationships in maltreated infants. Dev Psychol 25, 525–531

Cassidy J (1990) Theoretical and methodological considerations in the study of attachment and the self in young children. In: Greenberg MT, Cicchetti D, Cummings EM (Eds) Attachment in the preschool years (pp. 87–119). University of Chicago Press, Chicago

Cassidy J, Marvin, RS with the MacArthur Working Group on Attachment (1992) A system for classifying individual differences in the attachment-behavior of 21/2 to 41/2 year old children. Unpublished coding manual, University of Virginia

Cicchetti D (1990) A historical perspective on the discipline of developmental psychopathology. In: Masten R, Cichetti D, Nuechterlein K, Weintraub S (Eds) Risk and protective factors in the development of psychopathology. Cambridge University Press, Cambridge

Cierpka M (2012) Die unterschiedlichen Ansätze in Beratung und Therapie. In: Cierpka M (Hrsg) Frühe Kindheit 0–3 Jahre: Beratung und Psychotherapie für Eltern mit Säuglingen und Kleinkindern (S. 399–414). Springer, Berlin/Heidelberg

Clarkin JF, Yeomans F, Kernberg OF (1999) Psychotherapie der Borderline-Persönlichkeit. John Wiley, New York

Clarkin JF, Levy KN, Lenzenweger MF, Kernberg OF (2007) Evaluating three treatments for borderline personality disorder: A Multiwave Study. American Journal of Psychiatry, 164, 922–928

Clarkin JF, Yeomans FE, Kernberg OF (2006) Psychotherapy for Borderline Personality. Focusing on Object Relations. American Psychiatric Publishing, Arlington, VA

Cooper G, Hoffman K, Powell B, Marvin R (2005) The Circle of Security Intervention. Differentiation Diagnosis and Differential Treatment. In: Berlin LJ, Ziv Y, Amaya-Jackson L, Greenberg MT (Hrsg) Enhancing Early Attachment. Theory, Research, Intervention, and Policy (127–151). The Guilford Press, New York/London

Dammann G, Buchheim P, Clarkin JF, Kernberg OF (2000) Einführung in eine übertragungsfokussierte, manualisierte psychodynamische Therapie der Borderline-Störung. In: Kernberg OF, Dulz B, Sachsse U (Hrsg) Handbuch der Borderline-Störungen (S. 461–481). Schattauer, Stuttgart/New York

Diamond D, Levy K, Clarkin J, Doering S, Cain N, Fischer-Kern M, Hörz S, Buchheim A (2014) Attachment and Mentalization in Female Patients with Comorbid Narcissistic and Borderline Personality Disorder. Personality Disorders: Theory, Research, and Treatment 5, 428–433

Doering S, Buchheim P (2005) Transference Focused Psychotherapy. Eine psychodynamische Psychotherapie zur Behandlung von Borderline-Persönlichkeitsstörungen. Psychodynamische Psychotherapie 4, 233–238

Doering S, Hörz S, Rentrop M, Fischer-Kern M, Schuster P, Benecke C, Buchheim A, Martius P, Buchheim P (2010) Transference-focused psychotherapy v. treatment by community psychotherapists for borderline personality disorder: Randomized controlled trial. Brit J Psychiat 196, 389–395

Dozier M, Bates BC (2004) Attachment state of mind and the treatment relationship. In: Atkinson L, Goldberg S (Eds) Attachment issues in psychopathology and intervention (pp. 167–180). Earlbaum, Mahwah, NJ

Dozier M, Lindhiem O, Ackerman J (2005) Attachment and Biobahavioral Catch-Up. An Intervention Targeting Empirically Identified Needs of Foster Infants. In: Berlin LJ, Ziv Y, Amaya-Jackson L, Greenberg MT (Eds) Enhancing Early Attachment. Theory, Research, Intervention, and Policy (pp. 178–194). The Guilford Press, New York/London

Felitti VJ, Anda RF, Nordenberg D, Williamson DF, Spitz AM, Edwards V, Koss MP, Marks JS (2014) The role of attachment in the relationship between child maltreatment and later emotional and behavioral functioning. Child Abuse Negl 14, S0145–2134

Finn SE (2011) Use of the Adult Attachment Projective Picture System (AAP) in the middle of a long-term psychotherapy. J Pers Assess 95, 427–433

Fischer-Kern M, Doering S, Taubner S, Hörz S, Zimmermann J, Rentrop M, Schuster P, Buchheim P, Buchheim A. (2015) Transference-focused psychotherapy for borderline personality disorder: change in reflective function. Br J Psychiatry 2, 173–174. doi: 10.1192/bjp.bp.113.143842

Fischer-Kern M, Schuster P, Kapusta ND, Tmej A, Buchheim A, Rentrop M, Buchheim P, Hörz S, Doering S, Taubner S, Fonagy P (2010) The Relationship between personality organization, reflective functioning, and psychiatric classification in borderline personality disorder. Psychoanalytic Psychology 27, 325–409

Foege WH (1998) Adverse childhood experiences: A public health perspective (editorial). American Journal of Preventive Medicine 14, 354–355

Fonagy P (1991) Thinking about thinking: Some clinical and theoretical considerations in the treatment of a borderline patient. Int J Psycho-Anal 72, 639–656

Fonagy P, Gergely G, Jurist EL, Target M (2003) Affect regulation, mentalization, and the development of the self. Other Press, New York

Fonagy P, Leigh T, Steele M, Steele H, Kennedy R, Mattoon G, Gerber A (1996) The relation of attachment status, psychiatric classification, and response to psychotherapy. Journal of Consulting and Clinical Psychology 64, 22–31

Fonagy P, Target M, Gergely G (2000) Attachment and borderline personality disorder: A theory and some evidence. Psychiatr Clin North Am 23, 103–122

Fonagy P, Target M, Steele H, Steele M (1998) Reflective functioning manual: version 5.2 for the application to the adult attachment interviews. Unpublished manuscript, University College London, London, UK

Freud S (1905) Drei Abhandlungen zur Sexualtheorie. GW Bd. V, S. 27–145.

Freud S (1931) Das Ich und die Abwehrmechanismen. Internationaler Psychoanalytischer Verlag, Wien

Fu CHY, Williams SCR, Cleare AJ, Scott J, Mitterschiffthaler MT (2008) Neural responses to sad facial expressions in major depression following cognitive behavioural therapy. Biol Psychiatry 64, 505–512

Fyer AJ, Masnuzza S, Gallops MS, Martin LY, Aaronson C, Gorman JM, Liebowitz MR, Klein DF (1990) Familial transmission of simple phobias and fears. Arch Gen Psychiatry 47, 252–256

Gander M, Buchheim A (2015) Attachment classification, psychophysiology and frontal EEG asymmetry across the lifespan: a review. Front Hum Neurosci. 2015 Feb 19;9:79. doi: 10.3389/fnhum.2015.00079. Review

Garlichs A, Leuzinger-Bohleber M (1999) Identität und Bindung. Die Entwicklung von Beziehungen in Familie, Schule und Gesellschaft. Juventa, München

George C, Buchheim A (2014) Use of the adult attachment projective picture system in psychodynamic psychotherapy with severely traumatized patient. Front Psychol 5, 865. doi: 10.3389/fpsyg.2014.00865

George C, Kaplan, N, Main M (1985) The Adult Attachment Interview. Unpublished Manuscript. University of California, Berkeley

George C, West M (2001) The development and preliminary validation of a new measure of adult attachment: The Adult Attachment Projective. Attachment and Human Development 3, 30–61

George C, West M. The Adult Attachment Projective Picture System: Integrating Attachment into clinical Assessment. J Pers Assess 93(5), 407–416

George C, West M (2012) The Adult Attachment Projective Picture System. Guilford Press, New York

George C, West M, Pettem O (1999) The Adult Attachment Projective: Disorganization of Adult Attachment at the level of representation. In: Solomon J,

George C (Eds) Attachment disorganization (pp. 462–507). Guilford, New York

Gillath O, Bunge SA, Shaver P, Wendelken C, Miculincer M (2005) Attachment style differences in the ability to suppress negative thoughts: Exploring the neural correlates. NeuroImage 28, 835–847

Gloger-Tippelt G, König L (2000) Geschichtenergänzungsverfahren zur Bindung (GEV-B) für 5 bis 8jährige Kinder. Manual zur Durchführung und Auswertung. Unveröffentlichtes Manuskript, Universität Düsseldorf

Goldapple K, Segal Z, Garson C, Lau M, Bieling P (2004) Modulation of cortical-limbic pathways in major depression. Arch Gen Psychiatry 61, 34–41

Groh AM, Fearon RP, Bakermans-Kranenburg MJ, van IJzendoorn MH, Steele RD, Roisman GI (2014) The significance of attachment security for children's social competence with peers: a meta-analytic study. Attachment & Human Development 02. doi: 10.1080/14616734.2014.883636

Grossmann K, Fremmer-Bombik E, Rudolph J, Grossmann, KE (1988) Maternal attachment representations as related to patterns of infant-mother attachment and maternal care during the first year. In Hinde R, Stevenson-Hinde J (Eds), Relationships within families. Mutual influences (pp. 241–261). Clarendon Press, Oxford

Grossmann KE, Grossmann K (2004/2012) Bindungen – das Gefüge psychischer Sicherheit. Klett-Cotta, Stuttgart, 5. Aufl.

Gunderson JG (1996) The borderline patient's intolerance of aloneness: Insecure attachments and therapist availability. Am J Psychiatry 153, 752–758

Harlow H (1958) The nature of love. Am Psychologist 13, 673–685

Harris T, Brown GW, Bifulco A (1990) Loss of parent in childhood and adult psychiatric disorder: a tentative overall model. Development Psychopathology 2, 311–328

Hazan C, Shaver P (1990) An attachment theoretical perspective of love and work. Journal of Personality and Social Psychology 59, 270–280

Hesse E (2008) The Adult Attachment Interview: Protocol, method of analysis and empirical studies. In Cassidy J, Shaver P (Eds) Handbook of Attachment (pp. 718–744). Guilford, New York, 2nd ed.

Hobson RP, Patrick M, Crandell L, García-Pérez R, Lee A (2005) Personal relatedness and attachment in infants of mothers with borderline personality disorder. Development and Psychopathology 17, 329–347

Höger D (2002) Fragebögen zur Erfassung von Bindungsstilen. In: Strauß B, Buchheim A, Kächele H (Hrsg) Klinische Bindungsforschung (S. 94–118). Schattauer, Stuttgart

Holmes J (2001) The Search for the Secure Base. Attachment Theory and Psychotherapy. Routledge, London/New York

Hörz-Sagstetter S, Mertens W, Isphording S, Buchheim A, Taubner S. (2015) Changes in Reflective Functioning during Psychoanalytic Psychotherapies. J Am Psychoanal Assoc 63, 481–509

Jobst A, Albert A, Bauriedl-Schmidt C, Mauer MC, Renneberg B, Buchheim A, Sabass L, Falkai P, Zill P, Padberg F (2014) Social exclusion leads to divergent changes of oxytocin levels in borderline patients and healthy subjects. Psychother Psychosom 83, 252–254. doi:10.1159/000358526

Jobst A, Padberg F, Mauer MC, Daltrozzo T, Bauriedl-Schmidt C, Sabaß L, Sarubin N, Falkai P, Renneberg B, Zill P, Gander M, Buchheim A (under review) Lower oxytocin plasma levels in borderline patients with unresolved attachment representations

Johnson, JG, Cohen P, Brown J, Smailes EM, Bernstein DP (1999) Childhood maltreatment increases risk for personality disorders during early adulthood. Archives of General Psychiatry 56, 600–606

Juen F, Arnold L, Meissner D, Nolte T, Buchheim A (2013) Attachment Disorganization in different clinical groups: What underpins unresolved attachment? Psihologija 46, 127–142

Juffer F, Bakermans-Kranenburg MJ, van IJzendoorn MH (2007) Supporting families to build secure attachment relationships: Comments on Benoit, Dozier, and Egeland. 2nd ed. van IJzendoorn M, topic ed. In: Tremblay RE, Boivin M, Peters R (Eds) Encyclopedia on Early Childhood Development [online] (pp. 1–6). Centre of Excellence for Early Childhood Development and Strategic Knowledge Cluster on Early Child Development, Montreal, Quebec

Kernberg OF (1998) Die Bedeutung neuerer psychoanalytischer und psychodynamischer Konzepte für die Befunderhebung und Klassifikation von Persönlichkeitsstörungen. In: Schauenburg H, Freyberger HJ, Cierpka M, Buchheim P (Hrsg) OPD in der Praxis. Konzepte, Anwendungen, Ergebnisse der Operationalisierten Psychodynamischen Diagnostik (S. 55–68). Hans Huber, Bern

Kernberg OF (1999) Psychoanalysis, psychoanalytic psychotherapy and supportive psychotherapy: Contemporary controversies. Internat. J. Psychoanal 80, 1075–1091

Kernberg OF (2000) Die übertragungsfokussierte (oder psychodynamsiche) Psychotherapie von Patienten mit einer Borderline-Persönlichkeitsorganisation. In: Kernberg OF, Dulz B, Sachsse R (Hrsg) Handbuch der Borderline-Störungen (S. 447–460). Schattauer, Stuttgart/New York

Kessler H, Taubner S, Buchheim A, Münte TF, Stasch M, Kächele H, Roth G, Heinecke A, Erhard P, Cirpka M, Wiswede D (2011) Individualized and Clinically Derived Stimuli Activate Limbic Structures in Depression: An fMRI Study. PLoS ONE 6 (1): e15712. doi: 10.1371/journal.pone.0015712

Köhler L (1998) Zur Anwendung der Bindungstheorie in der psychoanalytischen Praxis. Psyche 52(4), 369–403

Kottje-Birnbacher L (2001) Einführung in die katathym-imaginative Psychotherapie. Imagination 4, 7–78

Krause S, Pokorny D, Schury K, Doyen-Waldecker C, Hulbert AL, Karabatsiakis A, Kolassa I, Gündel H, Waller C, Buchheim A (in Vorbereitung) Activation of the maternal attachment system increases plasma oxytocin and decreases serum cortisol

Künster A, Ziegenhain U, Schulze U, Buchheim A, von Wietersheim H, Vicari A, Peter A, Besier T (2012) Transgenerationale Effekte mu̇tterlicher Angst:

Mütterliche Ängstlichkeit und sozioemotionale Entwicklung von Vorschulkindern. Monatsschr Kinderheilk 160, 982–987

Labek K, Viviani R, Gizweski E, Buchheim A (in Vorbereitung) Neural correlates of the appraisal of attachment scenes in healthy controls and social cognition – an fMRI study

Lakatos K, Toth I, Nemoda Z, Ney K, Sasvari-Szekely M, Gervai J (2002) Dopamine D4 receptor (DRD4) gene polymorphism is associated with attachment disorganization in infants. Mol Psychiatry. 2000 Nov 5(6), 633–637

Last CG, Perrin S, Hersen M, Kazdin AE (1996) A prospective study of childhood anxiety disorders. J Am Academy Child Adolescent Psychiatry 35, 1502–1510

Leichsenring F, Luyten P, Hilsenroth MJ, Abbass A, Barber JP, Keefe JR, Leweke F, Rabung S, Steinert C (2015) Psychodynamic therapy meets evidence-based medicine: a systematic review using updated criteriaLancet Psychiatry 2, 648–660

Leuner H (1980) Grundlinien des Katathymen Bilderlebens (KB) aus neuerer Sicht. In: Leuner H (Hrsg) Katathymes Bilderleben, Ergebnisse in Theorie und Praxis (S. 10–55). Hans Huber, Bern

Levy K, Ellison WD, Scott LN (2011) Attachment Style. J Clin Psychol 67: 193–203

Levy KN, Meenhan KB, Clarkin JF, Kernberg OF, Kelly KM, Reynoso JS, Weber M (2006) Change in attachment patterns and reflective function in a randomized control trial of Tranceference-Focused Psychotherapy for Borderline Personality Disorder. Journal of Consulting and Clinical Psychology 74, 1027–1040

Lindhout I, Markus M, Hoogendijk T, Borst S, Maingay R, Spinhoven P, van Dyck R, Boer F (2006) Childrearing style of anxiety-disordered parents. Child Psychiatry Hum Dev 37, 89–102

Linehan MM, Armstrong HE, Suarez A, Allmon D, Heard HL (1991). Cognitive-behavioral treatment of chronically parasuicidal borderline patients Archives of General Psychiatry 48, 1060–1064

Liotti G (1992) Disorganized/disoriented attachment in the etiology of the dissociative disorders. Dissociation: Progress in the Dissociative Disorders 5, 196–204

Lorenz K (1951) Ausdrucksbewegungen höherer Tiere. Die Naturwissenschaften 38, 113–116

Lorenz K (1954) Über angeborene Instinktformeln beim Menschen. Zeitschrift für menschliche Vererbungs- und Konstitutionslehre 32, 385–389

Lütkenhaus P, Grossmann KE, Grossmann K (1985) Infant-mother attachment at twelve months and style of interaction with a stranger at the age of three years. Child Development 56, 1538–1542

Lyons-Ruth K, Alpern L, Repacholi B (1993) Disorganized infant attachment classification and maternal psychosocial problems as predictors of hostile-aggressive behavior in the preschool classroom. Child Dev 64, 572–585

Lyons-Ruth K, Jacobvitz D (1999). Attachment disorganization: unresolved loss, rational violence, and lapses in behavioral and attentional strategies. In:

Cassidy J, Shaver P (Eds) Handbook of attachment: theory, research, and clinical implications (pp. 520–544). Guilford, New York

Lyons-Ruth K, Jacobvitz D (2008) Attachment disorganization, unresolved loss, relational violence, and lapses in behavioral and attentional strategies. In: Cassidy J. Shaver PR (Eds) Handbook of Attachment: Theory, Research, and Clinical Applications (pp. 666–697). Guilford Press, New York, 2nd ed.

Madigan S, Bakermans-Kranenburg M, van IJzendoorn MH, Moran G, Pederson DR, Benoit, D (2006) Unresolved state of mind, anomalous parental behavior, and disorganized attachment: A review and meta-analysis of a transmission gap. Attachment and Human Development 8, 89–111

Main M, Goldwyn R (1985–1996) Adult attachment classification and rating system. Unpublished manuscript. Berkeley: University of California

Main M, Hesse E (1990) Parents' unresolved traumatic experiences are related to infant disorganized attachment status: Is frightened and/or frightening behavior the linking mechanism? In: Greenberg M, Cicchetti D, Cummings EM (Eds) Attachment in the preschool years: Theory, research, and intervention (pp. 61–182). University of Chicago Press, Chicago

Main M, Solomon J (1990) Procedures for identifying infants as disorganized/disoriented during the Ainsworth strange situation. In: Greenberg M, Cicchetti D, Cummings EM (Eds) Attachment in the preschool years: Theory, research, and intervention (pp. 121–160). University of Chicago Press, Chicago

Main M, Kaplan N, Cassidy J (1985) Security in infancy, childhood and adulthood: A move to the level of representation. In Bretherton I, Waters E (Eds) Growing Points of Attachment Theory and Research. Bd. 50: Monographs of the Society for Research in Child Development (pp. 66–106), University of Chicago Press, Chicago

Manassis MD, Bradley MD, Goldberg S, Hood J, Swinson RP (1994) Attachment in mothers with anxiety disorders and their children. J Am Academy Child Adolescent Psychiatry 33, 1006–1013

Martin A, Buchheim A, Berger U, Strauß B (2007) The impact of attachment organization on potential countertransference reactions. Psychotherapy Research 17, 46–58

Marvin R, Cooper G, Hoffman K, Powell B (2002) The Circle of Security project: Attachment-based intervention with caregiver-pro-school child dyads. Attachment & Human Development 4(1), 107–124

Masla U (2014) Eine Untersuchung psychosomatisch-stationär behandelter Patienten bezüglich der Veränderung ihrer Bindungsrepräsentationen mit oder ohne den Einsatz von KIP (Katathym Imaginative Psychotherapie). Masterarbeit an der International Psychoanalytic University Berlin

McMahoon CA, Barnett B, Kowalenko NM, Tennant CC (2006) Maternal attachment state of mind moderates the impact of postnatal depression on infant attachment. Child Psychol Psychiatry 47, 660–669

Möhler E, Resch F, Cierpka A, Cierpka, M (2001) The early appearance and intergenerational transmission of maternal traumatic experiences in the context of mother-infant interaction. Journal of Child Psychotherapy 27, 257–271

Muller RT (2013) Wenn Patienten keine Nähe zulassen. Strategien für eine bindungsbasierte Traumatherapie. Klett-Cotta, Stuttgart

Nicol-Harper R, Harvey AG, Stein A (2007) Interactions between mothers and infants: impact of maternal anxiety. Infant Behav Dev 30, 161–167

Ochsner KN, Gross JJ (2005) The cognitive control of emotion. Trends Cogn Sci 9, 242–249

Ogawa JR, Sroufe LA, Weinfield NS, Carlson EA, Egeland B (1997) Development and the fragmented self: Longitudinal study of disociative symptomatology in a nonclinical sample. Development and Psychopathology 9, 855–879

Petrowski K, Pokorny D, Joraschky P, Buchheim A (2012) The Therapist's Attachment Representation and the Patient's Attachment to the Therapist. Psychotherapy Research 23, 25–34

Pokorny D, Masla U, Janta B, Buchheim A (in Vorbereitung) Change of attachment status during inpatient treatment with Guided Affective Imagery: A randomized control trial

Ravitz P, Maunder R, Hunter J, Bhadra S, Lancee W (2010). Adult attachment measures: A 25-year review. Journal of Psychosomatic Research 69, 419–432

Read J, Bentall RP (2012) Negative childhood experiences and mental health: theoretical, clinical and primary prevention implications. Br J Psychiatry 200, 89–91

Renneberg B, Schmitz B, Doering S, Herpertz S, Bohus M (2010) Behandlungsleitlinie Persönlichkeitsstörungen. Psychotherapeut 55, 339–354

Schauenburg H, Buchheim A, Beckh K, Nolte T, Brenk-Franz K, Leichsenring F, Strack M, Dinger U (2010) The influence of psychodynamically oriented therapists' attachment representations on outcome and alliance in inpatient psychotherapy. Psychotherapy Research 20, 193–202

Schieche M, Spangler G (2005) Individual differences in biobehavioral organization during problem solving in toddlers: The influence of maternal behaviour, infant-mother attachment, and biobehavioral inhibition in the attachment-exploration balance. Developmental Psychobiology 46, 293–306

Schmücker G, Brisch KH , Köhntop B, Betzler S, Österle M, Pohlandt F, Pokorny D, Laucht M, Kächele H, Buchheim A (2005) The influence of prematurity, maternal anxiety and infants neurobiological risk on mother-infant interactions. Infant Mental Health Journal 26, 423–441

Solomon J, George C (1999) The place of disorganization in attachment theory: Linking classic observations with contemporary findings. In: Solomon J, George C (Eds) Attachment disorganization (pp. 3–32). Guilford Press, New York

Spangler G, Zimmermann P (1995) Die Bindungstheorie. Grundlagen, Forschung und Anwendung. Klett-Cotta, Stuttgart

Spangler G, Johann M, Ronai Z, Zimmermann P (2009) Genetic and environmental influence on attachment disorganization. Journal of Child Psychology and Psychiatry 50, 952–961

Spitz R (1965) The first year of life. A psychoanalytical study of normal and deviant development of object relations. Int Univ Press, New York

Staun L, Kessler H, Buchheim A, Kächele H, Taubner S (2010) Mentalisierung und Depression. Psychotherapeut 55, 299–305

Steele H, Steele M, Murphy A (2009) Use of the Adult Attachment Interview to measure process and change in psychotherapy. Psychother Res 19, 633–43

Stigler M, Pokorny D (2008) Auf der Suche nach den frühen Spuren- Die Aktivierung des Primärprozesses als Wirkfaktor der Imagination. In: Bürgi-Kraus M, Kottje-Birnbacher L, Reichmann I, Wilke E (Hrsg) Entwicklung in der Imagination-Imaginative Entwicklung (S. 293–305). Pabst Science Publishers, Lengerich

Stoffers JM, Völlm BA, Rücker G, Timmer A, Huband N, Lieb K (2012) Psychological therapies for people with borderline personality disorder. Cochrane Database of Systematic Reviews, Issue 8. Art. No.: CD005652. DOI: 10.1002/14651858.CD005652.pub2.

Strauss B (2011) Ergebnisse der klinischen Bindungsforschung mit Bedeutung für die Psychotherapie. Psychother Psych Med 61, 436–446

Suess G, Grossmann KE, Sroufe LA (1992) Effects of infant attachment to mother and father on quality of adaption in preschool: From dyadic to individual organization of self. International Journal of behavioral development 15, 43–65

Suess GJ, Kißgen, R (2008) Frühe Hilfen zur Förderung der Resilienz auf dem Hintergrund der Bindungstheorie: Das STEEP ™-Modell. In: Cierpka M (Hrsg) Möglichkeiten der Gewaltprävention (S. 139–156). Vandenhoeck & Ruprecht, Göttingen

Taubner S, Kessler H, Buchheim A, Kächele H, Staun L (2011) The role of mentalization in the psychoanalytic treatment of chronic depression. Psychiatry: Biological and Interpersonal Process 74, 51–59

Taubner S, Munder T, Unger A, Wolter S (2013) Zur Wirksamkeit präventiver Früher Hilfen in Deutschland – ein systematisches Review und eine Metaanalyse. Prax. Kinderpsychol. Kinderpsychiat 62, 598–619

Taylor P, Rietzschel J, Danquah A, Berry K. (2014) Changes in attachment representations during psychological therapy. Psychother Res 2014 Feb 21

Thomä H, Kächele H (1985) Lehrbuch der psychoanalytischen Therapie. Bd. 1: Grundlagen. Springer, Berlin u. a.

Tinbergen N (1942) An objectivistic study of the innate behaviour of animals. Bibliotheca Biotheoretica D, Bd. 1, 39–98

Tinbergen N (1951) The Study of Instinct. Clarendon Press, Oxford

Travis LA, Binder IL, Bliwise AR, Horne-Moyer (2001) Changes in clients attachment styles oder the course of time-limited dynamic psyhotherapy. Psychotherapy 28, 149–159

Turner SM, Beidel DC, Costello A (1987) Psychopathology in the offspring of anxiety disorders patients. J Consult Clin Psychol 55, 229–235

Unnewehr S, Schneider S, Florin I, Margraf J (1998) Psychopathology in children of patients with panic disorder or animal phobia. Psychopathology 31, 69–84

Van IJzendoorn MH (1995) Adult attachment representations, parental responsiveness and infant attachment: a meta-analysis on the predictive validity of the adult attachment interview. Psychological Bulletin 117, 387–403

Van IJzendoorn MH, Schuengel C, Bakermans-Kranenburg M (1999) Disorganized attachment in early childhood: Meta-analysis of precursors, concomitants, and sequelae. Development and Psychopathology 11, 225–249

Van IJzendoorn MH (2012) Attachment-Synthesis. Encyclopedia on Early Childhood Development. Gefunden unter: http://www.child-encyclopedia.com/pa¬ges/PDF/attachment.pdf

Verschueren K, Marcoen A (1999) Representation of self and socioemotional competence in kindergartners: differential and combined effects of attachment to mother and to father. Child Dev. Jan-Feb;70(1), 183–201

Weissman MM, Leckman JF, Merikangas KR, Gammon GD, Prisoff BA (1984) Depression and anxiety disorders on parents and children. Arch Gen Psychiatry 41, 845–852

Werner EE (1989) High risk children in young adulthood: A longitudinal study from birth to 32 years. American Journal of Orthopsychiatry 59, 72–81

Werner EE, Smith RS (1992) Overcoming the Odds: High-risk Children From Birth to Adulthood. Cornell University Press, Ithaca, NY

Wichmann T, Buchheim A, George C, Pokorny D (in Vorbereitung) A reaction time experiment on adult attachment: A pilot study for the development of a measure for neurophysiological settings

Wiswede D, Taubner S, Buchheim A, Münte TF, Stasch M, Cierpka M, Kächele H, Roth G, Erhard P, Kessler H (2014) Tracking Functional Brain Changes in Patients with Depression under Psychodynamic Psychotherapy using individualized stimuli. PLoS One. 2;9(9): e109037. doi: 10.1371/ journal.pone.0109037

Yeomans FE, Clarkin J, Kernberg OF (2015) Transference-Focused Psychotherapy for Borderline Personality Disorder: A clinical guide. Am Psychiatric Publishing, Washington, DC

Young JE (1990) Cognitive Therapy for Personality Disorders: A Schema-focused Approach. Professional Resources Press, Sarasota

Young JE, Klosko JS, Weishaar M (2003). Schema Therapy: A Practitioner's Guide. Guilford Publications, New York

Zanarini MC, Frankenburg FR, Hennen J, Silk KR (2003) The longitudinal course of borderline psychopathology: 6 year prospective follow up of the phenomenology of Borderline Personality Disorder. American Journal of Psychiatry, 20, 274–283

Ziegenhain U (2004) The contribution of attachment theory to early and preventive intervention and to professional training. Educational Child Psychol 21, 46–58

Ziegenhain U, Buchheim A, Schury K, Braun B, Gündel H, Kindler H, Kolassa IT, Fegert JM (2015) Mechanismen der generationsübergreifenden Transmission belastender Kindheitserfahrungen – Theoretischer Hintergrund, Forschungsdesigns und erste Ergebnisse zweier multizentrischer Studien in Deutschland. Trauma und Gewalt 2, 134–147

Ziegenhain U, Deneke C. (2014) Entwicklungspathologische Voraussetzungen der Erlebens- und Verarbeitungsweisen von Kindern psychisch kranker Eltern. In Kölch M, Ziegenhain U, Fegert JM (Hrsg) Kinder psychisch kranker Eltern: Herausforderungen für eine interdisziplinäre Kooperation in Betreuung und Versorgung (S. 14–39). Beltz Juventa, Weinheim

Zimmermann P, Maier M, Winter M, Grossmann KE (2001) Attachment and adolescents' emotion regulation during a joint problem-solving task with a friend. International Journal of Behavior Development 25, 331–334

Bildnachweis

Abb. 1: http://unitingforchildren.org/2013/05/touch-starved/
Abb. 2: http://3219a2.medialib.glogster.com/media/67/6742139f71c7f5387d3¬
6b706162a0951914db0876dd80c5e7ead1a9e53a989dc/51-09-lorenz¬
andgeese.jpg
Abb. 3: https://goodpsychology.files.wordpress.com/2013/04/development-harry-¬
harlow.jpg
Abb. 4: Eigene Darstellung
Abb. 5: Marvin R, Cooper G, Hoffman K, Powell B (2002)
Abb. 7: Eigene Darstellung
Abb. 6 bzw. 8a und 8b: © George C et al. (1999) all rights reserved
Abb. 9 und 10: Buchheim A et al. (2012a, b)

Personenverzeichnis

M

P

S

T

W

Y

Z

Sachwortverzeichnis

T

U

V

W